SANARY

ET LE

SIÈGE DE TOULON

A la fin de l'Ancien régime, l'importance des problèmes se rattachant à la vie matérielle sur le littoral de la Méditerranée, était indéniable. Cette situation n'avait pas tardé à être aggravée singulièrement par une succession ininterrompue de funestes événements [1]. Bien antérieurement au siège de Toulon, la population du Var était presque affamée et les denrées de première nécessité étaient de préférence dirigées vers cette place forte. L'urgence d'énergiques mesures destinées à remédier à l'intensité de la crise était évidente. Une demi-disette [2], la rareté des munitions et des armes et l'incontestable tendance des troupes à l'insubordination [3] furent les écueils redoutables, au sein desquels l'intrépidité des chefs des troupes républicaines faillit sombrer. La nature de l'état moral des Varois permet de se rendre un compte plus exact des difficultés présentées par la reprise de Toulon.

Sous la Révolution, la dénomination de Saint-Nazaire fut transformée en Sanary, conformément à la prononciation locale, puis en Sanary-Beauport. De fréquentes erreurs avaient

---

1. Si des troubles fâcheux éclatèrent à Ollioules, en 1790, le contre-coup ne s'en fit pas sentir à Sanary.

2. Cf. la délibération de 3o mai 1793 dans laquelle Forest, conseiller municipal et boulanger, fait justice des imputations singulières portées contre lui.

3. Trois habitants de Sanary désertèrent, dès sa constitution, le 4e bataillon du Var.

prouvé la nécessité de distinguer aisément Saint-Nazaire (Loire-Inférieure) de Saint-Nazaire (Var). L'administration des Postes et Télégraphes proposait la transformation de ce dernier nom en Saint-Nazaire-du-Var. Un décret du 12 novembre 1890 fit prévaloir l'avis exprimé par le Conseil municipal dans la délibération du 16 novembre 1889 [1]. A raison de la période étudiée dans cette notice, le lecteur rencontrera tantôt l'appellation Saint-Nazaire, tantôt l'appellation Sanary [2]. Cette indication était indispensable pour éviter des confusions.

I

Les administrateurs du directoire de Toulon, après avoir réclamé le tableau « des besoins relativement aux subsistances » (27 janvier 1793), recommandèrent la demande de blé, formulée par Saint-Nazaire, au Comité des Subsistances (6 février).

Bientôt, Édouard Allemand, négociant en ce lieu, proposa à la municipalité de faire construire un moulin à farine sur la colline de Notre-Dame de Pitié appartenant tout entière à la commune. Cette proposition était avantageuse, car le moulin employé d'habitude était beaucoup plus éloigné [3] et Allemand offrait de payer le terrain à un prix à débattre (17 mars). Le Conseil municipal émit un avis conforme [4]. Durant cet intervalle et malgré un pressant besoin, les officiers municipaux permirent le départ pour Toulon de la tartane du capitaine Soleillet chargée de blé et les administrateurs de cette ville leur adressèrent de chaleureux remerciements (19 février).

1. *Registre des délibérations de la ville, passim.*
2. Au plus fort de la tourmente révolutionnaire, les trois formes étaient employées presque simultanément.
3. Situé dans le voisinage de la plage de Port-Issol.
4. En 1819, la commune n'y possédait plus que la chapelle et l'hermitage avec 75 toises de terre.

Le tableau dressé le 3o janvier précédent témoigne de la générosité du corps de ville à cet égard. La population de Saint-Nazaire était évaluée à 2.000 âmes [1] consommant par an 4.000 charges de blé, soit 2.000 par semestre. Comme la quantité existant à ce moment-là chez les particuliers et chez les boulangers s'élevait à 120 charges, le déficit prévu pour le semestre allant du 1er février au 31 juillet s'élevait à 1.880 charges. D'autre part les boulangers refusaient de livrer le pain blanc à 3 sols la livre, et le *méjean* ou *méjan* à 31 deniers [2]. Dans ces conditions des particuliers de Saint-Nazaire achetaient du pain de maison et le revendaient au prix exorbitant de 3s 9d la livre (5 février). La municipalité essaya d'enrayer cette manœuvre.

Les boulangers se trouvant eux-mêmes dépourvus de blé, le Conseil décida de solliciter 5o charges des trois corps administratifs de Toulon, sauf à en payer le prix (7 février 1793). Un navire mouilla le 11 février en rade du Brusc porteur d'un chargement de blé et de farine à l'adresse d'un négociant de Marseille, Martin de La Cavale, soit 8.742 boisseaux de grain et 155 barils de farine. La municipalité décida de se joindre à celle de Six-Fours pour réaliser de concert avec elle un achat important. Celle de La Seyne désira faire une démarche analogue. Dans ces conditions, il fut envoyé une députation aux corps administratifs et au Comité des Subsistances de Toulon, pour en obtenir l'autorisation nécessaire, dans le but de faire un achat complet, à répartir entre les trois communes (13 février). Une souscription s'élevant à 3.260 livres fut ouverte et le montant en fut remboursé le 31 juillet suivant [3].

Au même moment, le Comité des Subsistances de Toulon accorda 5o charges de blé à Sanary et quoiqu'il n'en eût pas

1. Le 12 prairial an II (31 mai 1794), la population de Sanary fut évaluée à 2.007 âmes pour l'année 1792.

2. Le *méjan* ou *bijean* était un pain en boule de qualité inférieure, analogue à l'ancien pain des soldats. Actuellement, le pain blanc vaut 45 centimes et le pain ordinaire de ménage 40 centimes le kilo (août 1912).

3. *Registre des délibérations*, fos 243 à 248.

encore été pris livraison, la municipalité de cette localité laissa partir du port la tartane mentionnée plus haut contenant 300 charges de blé, achetées à Marseille, grâce à une souscription des Toulonnais (18 février). Aux termes d'une délibération prise le 7 février par les trois corps administratifs, la taxe officielle du pain fut fixée à Toulon à partir du 9, à 51 deniers la livre pour le pain blanc et à 46 deniers pour le pain moyen, soit à 4ˢ 3ᵈ et à 3ˢ 10ᵈ.

Les officiers municipaux de Saint-Nazaire cherchèrent à la même époque à se renseigner au sujet du prix de la viande (1ᵉʳ février). A Ollioules, le prix du mouton variait de 7 sols à 7ˢ 1/2 et celui de la grosse viande de 4ˢ 1/2 à 5 sols. Au Castellet, le mouton se vendait 7 sols et le bœuf 4ˢ 6ᵈ. A La Cadière, la livre de mouton était payée 7 sols; celle de bœuf, 5 sols. Au Beausset, la livre de grosse viande valait 7 sols et celle de mouton, 9 sols. A La Seyne, les prix étaient respectivement de 5 sols et de 7 sols à 7ˢ 1/2. A Six-Fours, le mouton était seul consommé et la livre en était comptée 8 sols [1].

Rappelons à titre de comparaison qu'à Sanary, au commencement du mois d'août 1912, les bouchers exigent : 1° de la livre de mouton, 1ᶠ 25 ; 2° du kilo du filet de bœuf, 4 francs et des autres morceaux, 2ᶠ 50 ; 3° du kilo de veau, 3ᶠ 50 et des morceaux secondaires, 2ᶠ 50.

78 charges furent livrées à leur tour au mois de mars, sur une distribution de 1.050 réparties entre toutes les communes du district. La question des grains était fort complexe d'ailleurs. Le 21 frimaire, Cortez ou Cortey, receveur à Saint-Maximin, se vit réclamer les 1.320 livres remises par Clappier en paiement de 6 charges de blé achetées pour le compte de la commune de Saint-Nazaire. La loi permettait l'annulation de ce marché, mais cette commune pouvait faire retirer ce blé en dépôt chez Cortey en fournissant un acquit-à-caution indiquant la date du marché remontant au mois d'août et en fournissant une quittance de réception. Le résumé d'un état, dépourvu de

---

1. *Archives de Sanary*, D₄.

date et s'appliquant à un achat de blé fait à Saint-Maximin, est intéressant :

	LA CHARGE	15 CHARGES
Prix du blé.	220ˡ	3.300ˡ
Frais des charrettes	15ˡ	225ˡ
Frais des deux voyages du député. . . .	6ˡ 13ˢ 6ᵈ	100ˡ
Frais de poste, de chargement et de déchargement.	» 11ˢ	8ˡ 10ˢ
Frais de consommation d'une charge. . .	14ˡ 13ˢ 6ᵈ	220ˡ
Totaux.	256ˡ 18ˢ	3.753ˡ 10ˢ

L'acquisition totale de blé, effectuée à Saint-Maximin, s'éleva à 34 charges et fut conclue au Beausset, le 26 août 1793, avec divers particuliers [1]. Le commandant de la légion allobroge, Mouret, dut donner l'ordre au commandant du poste du parc d'artillerie de laisser passer deux voitures contenant du blé livré à la commune de Saint-Nazaire [2]. Les frais accessoires étaient réellement exorbitants, puisqu'ils dépassaient 16 °/₀ le plus souvent. Cependant les réserves accumulées à Saint-Maximin assurèrent le salut du midi du département [3].

Le prix global de 3.753ˡ 10ˢ [4] ramène le coût de la charge à 250ˡ 4ˢ 8ᵈ. La charge de blé correspond à 128 kilos et cette mesure est encore usitée. Si l'on convertit cette estimation, on trouve que 100 kilos de blé correspondaient à 195ˡ 9ˢ 6ᵈ 5/8, somme énorme [5].

1. Les difficultés soulevées pour le règlement de cette affaire sont exposées dans la délibération du 7 pluviôse an II.
2. Lettre entièrement autographe (*Archives de Sanary*, D₄)
3. *Ibid.*, D₄.
4. Ce total a été porté en dépense, mais il ne cadre pas avec tous les éléments du tableau précédent.
5. Le kilo est l'équivalent de 2 livres, 10 onces, 4 gros de l'ancien petit poids de Toulon égal à celui de Sanary (*Extrait du Rapport du poids décimal avec l'ancien petit poids de Toulon*, etc. Toulon, DUPLESSIS, 1827, in-8, p. 3). D'après le procès-verbal dressé le 29 mars 1791 à Toulon devant l'autorité compétente, le baril en usage dans cette ville pour le vin valait 3/4 de pinte ou 3/8 de pot de plus que celui usité à Saint-Nazaire, tandis que le baril à huile était inférieur de 3 quarterons ou 3/64 de baril. Enfin la livre, le panal de grains, la canne et l'aune de ces deux localités étaient respectivement égaux. En vertu de la loi du 14 mars 1792, relative aux secours en grains ou farines à distribuer aux départements du

Mentionnons encore trois livraisons de 47 charges (deux distributions entre les communes du district, en avril ; une au mois suivant). Le 3o juin, le prix du pain fut fixé à 6 sols la livre à Sanary, la charge de blé valant 85 livres, et les administrateurs du département venaient d'accorder un dernier secours de 5o charges, suivi d'un autre de 20 et d'un nouveau de 3o. Au moment de la rédaction de ces lignes, la charge est vendue 4o francs.

Jadis Saint-Maximin constituait à lui seul le vrai grenier d'une partie des côtes de la Provence. La fertilité de sa plaine provient de ce fait que d'anciens marais aujourd'hui desséchés en occupaient jadis l'emplacement, et la réputation des raisins récoltés dans cette localité était telle qu'ils eurent à Aix les honneurs de la table royale [1].

II

Le bâtiment, appelé *Sainte-Claire,* avait été arrêté au Brusc, porteur d'un chargement de vin appartenant à l'Administration des vivres. Gasparin et Saliceti, se trouvant à Ollioules, intervinrent à ce sujet auprès de la municipalité de Sanary (23 septembre) [2]. L'arrêté concernant ce bateau fut étendu le lendemain au vaisseau dit le *Saint-Joseph,* par les mêmes représentants (24 septembre). Une lettre, émanée d'eux, prouve que ce vin était à la disposition de l'Administration des vivres à Marseille et que les marins chargés du transport devaient être

royaume, 12.000 quintaux de blé poids de marc avaient été attribués au Var. Sur cette masse, 3.4oo furent alloués au district de Toulon, y compris 3o charges de blé accordées à l'hôpital de cette ville (*Archives de Sanary,* I₂). L'origine des céréales distribuées n'est pas indiquée.

La Convention prit de nombreuses décisions au sujet du commerce des grains, des avances en grains à faire, etc. (1793). En 1790, les districts du Var furent réduits à quatre : Toulon, Grasse, Draguignan, Brignoles. Celui de Toulon renfermait 25 communes, dont Saint-Nazaire.

1. Rostan, *Visite du roi Louis XIV à Saint-Maximin.*

2. Lettre autographe de Gasparin.

payés par elle à leur arrivée dans cette ville (27 septembre 1793) [1].

Les comptes du dépôt militaire installé à Saint-Nazaire n'ont pas été conservés. Cet établissement était important. L'inspecteur des subsistances militaires, chargé en chef du service à Port-la-Montagne, enjoignit à la municipalité de remettre au capitaine génois Massebo 53 milleroles [2] de vin rouge à prélever sur le dépôt à la disposition du service de l'armée en échange du fromage consigné par lui dans le magasin militaire de Toulon au prix du maximum (6 germinal an II [26 mars 1794]). Combien cette multiple comptabilité piquerait aujourd'hui notre curiosité ! C'est dans le dépôt de Saint-Nazaire que les représentants, ignorant tout de l'incident, avaient, au début de la journée du 23 septembre, ordonné de faire entreposer « le chargement de vin » dont la sécurité était menacée par la « présence des Anglois et des Espagnols dans la rade de Toulon [3] ». Si la faim fait hurler les loups, le manque des éléments essentiels de l'alimentation peut entraîner l'adoption des pires décisions. Les gens les plus timorés n'hésitent pas à sortir de la légalité. Telle est la raison de la mainmise sur cette expédition de vin. Et certes Le Brusc dépendait du territoire de Six-Fours !

Mentionnons en passant l'affaire des vaisseaux hollandais. Leur capture avait été apprise avec une vive satisfaction, surtout au point de vue pratique, à raison des marchandises transportées par eux. Par leur arrêté du 12 octobre et signé à Marseille, Barras et Fréron ordonnèrent au corps municipal de Sanary, à tous les officiers de la marine et aux commandants militaires de veiller à ce que « rien ne soit enlevé des vaisseaux hollandois et autres, détenus dans le port de Saint-Nazaire » et de « ne point laisser partir lesdits vaisseaux sans un ordre » de la part des représentants. Deux corsaires avec l'assistance

---

1. *Archives de Sanary*, D₄.

2. D'après mes recherches, la millerole valait 70 litres (Acte Mᵉ Granet, notaire à Sanary, du 27 juillet 1831).

3. *Archives de Sanary*, D₄.

de tous les bateaux de pêche s'en étaient emparés vers le 10 septembre [1]. Le port était du reste occupé par des bâtiments nationaux et neutres. Plus tard (10 pluviôse) les représentants Saliceti et Mattedo enjoignirent à Dray, inspecteur général des subsistances, de noliser tous les vaisseaux marchands et tartanes disponibles, et en particulier quatre des vaisseaux hollandais saisis, pour assurer l'approvisionnement. Le nécessaire fut fait immédiatement [2]. Les renseignements fournis en haut lieu au sujet de ces vaisseaux hollandais furent inexacts. D'après la lettre adressée, le 17 octobre, d'Ollioules par les représentants au Comité de Salut public, le 9 octobre neuf bâtiments naviguant sous le pavillon hollandais auraient été contraints par des menaces d'entrer dans le port de Sanary pour la visite de leurs papiers. La capture avait eu lieu dans des circonstances toutes différentes et à une date antérieure à celle indiquée. Dans tous les cas, ces bâtiments venaient de Marseille munis de passeports délivrés par le Conseil exécutif et ils se rendaient en réalité à Toulon pour servir au convoi de l'ennemi [3].

III

D'après une lettre émanée du directoire du district de Toulon le 20 juin 1793, d'indignes provocateurs parcouraient le département [4] et annonçaient que plusieurs départements ne voulaient plus reconnaître la Convention. Il était fait appel à « la bonne conduite des habitants du Var » pour le conserver à la République, quel que fût le résultat des événements [5].

1. *Registre des délibérations,* f° 5.
2. *Ibid.,* f°s 18 et suiv.
3. AULARD, *Recueil des actes du Comité de Salut public,* t. VII, p. 479.
4. Une circulaire de Senès le jeune, procureur-syndic du district de Toulon, prouve d'autre part que des « traîtres se sont répandus dans l'intérieur du royaume et qu'ils y forment des enrôlements pour grossir l'armée des ennemis de notre liberté ». L'un d'eux ayant été arrêté à Gannat (Allier) avait avoué que le chef de la conspiration était caché à Lyon (24 février 1792). (*Archives de Sanary,* I₂.)
5. *Ibid.,* I₂.

Le 1er février précédent, la Convention avait déclaré que la République était en guerre avec le roi d'Angleterre et avec le stathouder des Provinces-Unies. Parvenu le 10 février au soir à Toulon, ce décret avait été signifié à minuit par exprès à toutes les municipalités par les soins de Ricard, procureur général syndic du département du Var.

Bientôt de grands préparatifs de défense furent effectués au port de Toulon et, dans le but d'augmenter le nombre des « armuriers » de l'arsenal, un pressant appel fut adressé par les administrateurs du directoire du district de cette ville aux ouvriers compétents se trouvant dans les villages voisins. A titre de frais de conduite, ils devaient recevoir 6 sols par lieue de poste et à titre d'indemnité pour port de leurs effets, une somme de 2ˢ 6ᵈ (3 février 1793).

Le 16 mars, les patriotes, amis de la liberté, de l'égalité et de la République, réunis en club dans la chapelle de la Vierge de Consolation de Saint-Nazaire, lieu ordinaire de leurs séances, décidèrent, conformément à la lettre du sous-commissaire de La Seyne, d'inviter la municipalité à « faire la recherche des vieux canons et ferrailles » se trouvant en ce lieu [1].

Ce beau zèle s'évanouit avec une extrême facilité, car l'enthousiasme était superficiel. Rien n'est plus sacré que le sol de la patrie, mais encore faut-il que l'imminence du danger apparaisse clairement. Malgré l'émotion inhérente au tempérament des Méridionaux, l'indifférence ne tarda pas à prédominer. D'ailleurs des agents secrets à la solde de l'étranger répandaient sournoisement des nouvelles contradictoires et formulaient des assertions tellement singulières que la lassitude avait fini par s'emparer des cœurs les plus clairvoyants. Le bruit relatif à un débarquement imaginaire et la saisie de paquets considérables de journaux furent vite oubliés.

Une frégate napolitaine avait en effet poursuivi à outrance deux corsaires barbaresques. L'un de ces vaisseaux algériens

---

1. *Archives de Sanary*, D.

avait été coulé. L'équipage de l'autre s'était sauvé à la nage et avait pu gagner la plage de Cavalaire. Cet épisode avait permis aux agitateurs d'annoncer la descente de 4.000 soldats ennemis sur cette plage. Cette fausse indication prit une telle consistance et avait inquiété les populations à un tel point que le directoire du département fut obligé de rétablir les faits (22 mai 1792)[1].

L'existence d'une propagande effrénée n'est pas douteuse. Les trois corps administratifs de Toulon décidèrent, le 9 août 1792, la saisie aux bureaux de poste du département et la destruction par les flammes des gazettes suivantes : l'*Ami du Roi*, l'*Indicateur*, les *Annales monarchiques*, les *Anecdotes de la Cour et de la Ville* de Gautier, la *Rocambole des Journaux*, le *Journal* de Barruel, le *Journal de Genève*, la *Gazette de Paris*, le *Journal général* de Fontenay, le *Mercure*, le *Reviseur*, la *Gazette universelle*, le *Journal universel*, l'*Écho des Journaux*, imprimé à Avignon[2], l'*Écho des Journaux* (Paris), le *Journal général de politique, de littérature et de commerce*, le *Modérateur*, le *Journal de Paris* et le *Courrier extraordinaire ou le premier arrivé* de Duplain[3]. Plusieurs de ces journaux ne sont pas cités par Deschiens dans sa célèbre bibliographie.

La délibération du 13 janvier 1793 est relative à la mise en état des batteries de la Cride et de Portissol, dépourvues même d'embrasures. Les préparatifs faits par l'Angleterre avaient ému les habitants des bords de la Méditerranée et la partie des côtes de la Provence « la plus menacée par des armées navales des ennemis a toujours été celle de ce canton, attendu sa grande proximité avec la ville de guerre de Toulon et de ce qu'elle présente encore plus de facilité et plus de moyens pour y créer une débarque[4] ». Le Conseil général

---

1. *Archives de Sanary*, D₄.

2. Cf. REQUIEN, *Bibliographie des journaux publiés à Avignon et dans le département de Vaucluse*, p. 21.

3. Henry a déjà signalé cet incident sans pouvoir en donner la date précise (*Histoire de Toulon*, etc., t. I, p. 268).

4. Synonyme de débarquement.

de Sanary décida d'autre part d'appeler l'attention des trois commissaires de la Convention sur les réparations à faire au port (24 février). Dès le 21 octobre 1791, le Conseil général du district de Toulon avait signalé l'urgence de ce travail.

Le 30 janvier, le chef de l'administration des chantiers et ateliers requit l'envoi à Toulon des tonneliers disponibles et cette demande fut agréée tout de suite. Le Conseil dut réclamer, le 2 avril, l'installation de canonniers aux postes de la Cride et de Portissol et de vedettes aux signaux, conformément à la délibération du 13 novembre 1792. Deux jours après, un renfort fut demandé pour la garde de ces postes [1].

D'éclatants signes précurseurs de l'orage ne tardèrent pas à se montrer. La société républicaine de Saint-Nazaire félicita, le 3 avril 1793, le maire de son zèle et de son activité pour la sûreté publique et approuva le projet de renforcement des postes, tout en sollicitant un secours en « hommes pour soulager la classe pauvre des agriculteurs » [2]. Plusieurs corsaires étrangers croisaient en effet sur les côtes [3]. Une circulaire du directoire du département révèle une fois de plus l'existence de déserteurs (30 avril). Le fonctionnement des gardes nationales était d'ailleurs compliqué et le lieu d'inscription de la cote mobilière servait de base. Nombre d'hommes habitaient une partie de l'année à Ollioules et séjournaient le reste du temps à Sanary. Une entente à ce sujet entre les deux communes devint indispensable. La réponse des officiers municipaux d'Ollioules se fit attendre quinze jours, car « les affaires du temps les occupaient journellement ». Dès le 24 mars, la société républicaine de Sanary avait demandé que la garde nationale fût exercée aux ma-

1. *Registre des délibérations*, fᵒˢ 237 à 256.
2. *Archives de Sanary*, H₃.
3. Pour parer à ce danger *urgent*, les trois corps administratifs réunis à Toulon, constatant le 21 mars que le manque des canonniers et des aide-canonniers provenait de l'insuffisance du traitement fixé par le ministre de la Guerre au lieu de celui prévu par lesdits corps, décidèrent d'inviter le directeur de l'artillerie à placer tout de suite aux batteries les canonniers déjà désignés par eux au traitement égal à celui dont ils jouissaient à terre et en les gratifiant de 10 livres par mois pour frais d'ustensiles, sauf l'approbation inévitable du Conseil général provisoire.

nœuvres militaires et au tir à la cible. Le 22 avril, elle renouvela son vœu. Le 27 mai, aucune décision n'avait été prise. La question de la solde se posa constamment. D'Anselme, général de l'armée d'Italie, renvoya de ce chef la municipalité de Sanary aux commissaires de la Convention (19 novembre 1792)[1].

Le 9 mai 1793, le directoire du département du Var adressa aux districts une circulaire imprimée, pour annoncer que les trois corps administratifs réunis à Toulon avaient requis le commandant de l'armée d'Italie de mettre en état de réquisition permanente le dixième des gardes nationaux sédentaires de l'intérieur du département et le vingtième de ceux des côtes et frontières. La lettre d'envoi est du 23 mai. Conformément à ses prescriptions, le dimanche 30 mai, à 10 heures du matin, le maire, Pardigon, les officiers municipaux et le procureur de la commune de Sanary se rendirent sur la place, revêtus de leurs écharpes. La garde nationale, composée des personnes de seize à cinquante ans en état de porter les armes, s'y trouvait convoquée. Après un ban, la circulaire du directoire fut lue en *langue vulgaire,* c'est-à-dire en provençal[2]. Les 6 compagnies comprenaient 264 volontaires, dont 99 étaient exempts à raison de leur âge, de leurs infirmités ou de la place occupée par eux. Sur 165 hommes, formant la différence entre les deux nombres précédents, 40 se trouvaient en service permanent aux batteries de Portissol et de la Cride, 64 servaient à ces postes en qualité de servants canonniers, 8 étaient chefs de pièce et 3 autres canonniers ; 50 hommes seulement restaient disponibles. Ces derniers déclarèrent que le recrutement désiré était impraticable à raison de la situation stratégique de Saint-Nazaire et à cause du grand nombre de leurs compatriotes employés à la marine, à l'arsenal et aux armées.

L'apparition de l'escadre espagnole vint placer les esprits en

---

1. Lettre datée de Nice. L'adjudant général Huard éluda plus tard la solution de cette affaire.

2. S. l. n. d., in-8, 2 p.

face de la brutale réalité. Ricard, procureur général syndic de
ce département, lança de Toulon une circulaire énergique et
réconfortante (19 juin 1793). La section de Saint-Nazaire dite
l'Amie des lois, demanda l'examen des divers postes et leur
mise en état, pour repousser l'ennemi, le cas échéant (18 juillet)[1]. Dès la veille, la municipalité avait réclamé au Comité
général des sections de Toulon remplaçant les différents corps
d'administration : 1° des cartouches à balle de calibre (sic),
un certain nombre de cartouches de divers calibres et des
affûts pour les deux postes des batteries; 2° deux écouvillons
avec leur tire-bourre du calibre de 18 et de 24, 50 paquets de
mitraille pour les mortiers du calibre de 18 et de 24; 3° un
second commandant ou adjoint pour l'un des postes des batteries. Le 30 juin, chaque garde national n'avait pas deux
cartouches à balle à sa disposition et la plus grande partie
d'entre eux ne possédait que des fusils de chasse[2].

Au 25 août 1792, malgré d'incessantes demandes formulées
dès le mois de mai 1790, la garde nationale de Sanary n'avait
reçu des autorités compétentes de Toulon que 170 fusils dont
la plupart étaient hors d'usage[3]! Celle de La Seyne s'en
était vu attribuer 25 tout d'abord!

Un état dressé, le 1er juin 1793, par les administrateurs du
directoire du district de Toulon, est particulièrement éloquent :

COMMUNES	GARDES nationales	PIQUES revenant à chaque commune
Toulon	3.561 hommes	475
La Cadière	880 —	113
La Seyne	729 —	96
Le Beausset.	618 —	79
A reporter.	5.788	763

1. Au même moment, cette section fit conduire auprès du commandant d'armes
de Toulon, par un détachement, Barthélemy Granet, enseigne non entretenu
(18 juillet). Cet officier fut consigné à bord du vaisseau amiral et gardé à vue
(Archives de Sanary, I₂). La suite de l'affaire n'est pas connue.
2. Ibid., H₃.
3. Dès le mois de mai 1790, les arsenaux de Toulon étaient vides. D'après la
circulaire du ministre de la Guerre du 11 mai, la situation était partout la même.
Château, armurier à Sanary, fit preuve de dévouement.

COMMUNES	GARDES nationales	PIQUES revenant à chaque commune
Report . .	5.788	763
Saint-Nazaire	586 —	75
Ollioules	548 —	72
Le Castellet	432 —	58
Six-Fours	423 —	57
La Valette	415 —	56
La Garde	367 —	46
Bandol	275 —	37
Le Revest	150 —	20
Evenos	129 —	16
TOTAUX . . .	9.113	1.200 [1]

Le courage le plus éclatant ne saurait compenser une telle insuffisance d'armement.

A la séance du 21 mars 1793 des délibérations des trois corps administratifs, le contre-amiral Truguet [2] avait demandé de prévenir la désertion des matelots. Comme ils ne suivaient pas les grandes routes dans leur fuite, les municipalités du département furent invitées à faire reconduire à Toulon par la gendarmerie tous les matelots dépourvus de passeports [3] ou de congés délivrés par cet officier. Le Directoire du département des Bouches-du-Rhône fut prié de prendre la même résolution [4]. La tentative du maintien de la discipline par un officier général de la marine à une époque si troublée mérite

1. *Archives de Sanary*, H₃.

2. Cf. DE MARTINENG, *Notice sur l'amiral comte Truguet*, et ROBINET, *Dict. hist. et biogr. de la Révolution et de l'Empire* (1789-1815), t. II, p. 795. Ce vaillant Toulonnais se trouvait à Paris lors de la séance du 31 mai 1793. Incarcéré un peu plus tard, le 9 thermidor lui rendit la liberté.

3. Une quantité incroyable de passeports furent délivrés de tous les côtés dès le mois d'août 1792. Le registre des passeports de Sanary renferme l'inscription de 90 personnes pour la période du 14 août au 31 décembre 1792. 82 formules furent employées du 1er janvier au 6 septembre 1793. 5 d'entre elles mentionnent des départs pour Toulon ; la dernière de cette catégorie est datée du 28 août 1793 et celle du 6 septembre s'applique à un voyage à La Ciotat. Ce registre fut clos le 6 septembre sans autre indication. Le 8 juin, Édouard Allemand, qui devait être guillotiné, partit pour Marseille. Malgré l'obligation du passeport, la plupart des 400 galériens, évadés du bagne de Toulon, au mois d'août suivant, purent échapper au châtiment. (*Archives de Sanary*, I₂ et H₃).

4. *Ibid.*, I₂.

d'être retenue. De quel poids saurait être la mâle virilité d'un seul ! L'abandon de leur poste par un si grand nombre de marins pouvait être imputable à une série de manœuvres condamnables. Déjà la municipalité de Toulon avait fait appréhender les matelots non munis de pièces autorisant leur absence (23 septembre 1792).

L'étendue du mal s'aggrava. Le directoire du département faisait rechercher, le 7 avril 1793, plusieurs marins du *Thémistocle* se tenant cachés à Sanary. Vers le même moment (3 avril), une bande de 64 hommes « échappés de la phalange de Marseille » prêchait l'insurrection aux environs de Cuges, commettait mille déprédations, et l'un d'eux était soupçonné « de correspondance avec les bandits révoltés du côté de la Vendée ». Aussi, même avant d'avoir reçu le bulletin de la Convention relatif à la loi du 26 mars, les administrateurs du Var firent procéder au désarmement des « cy-devant nobles et autres » (7 avril 1793) [1].

La venue des vaisseaux espagnols eut pour premier résultat de faire songer plus efficacement à la mise en défense de notre grand port militaire, à peine à l'abri d'un coup de main. Désormais, les fortifications de Malbousquet furent poussées avec activité et des ouvriers des villages voisins y travaillèrent sans relâche. En leur absence, les détenteurs de pain, de vin et des autres vivres de première nécessité cessèrent de les exposer en vente. Les boulangers eux-mêmes ne pétrissaient pas le pain en quantité suffisante et les familles de ces ouvriers étaient obligées, comme ces ouvriers eux-mêmes, d'aller à Toulon pour se procurer des aliments. La municipalité de Toulon engagea celle de Saint-Nazaire à porter un remède énergique à cette situation par des proclamations, à obliger les boulangers à confectionner du pain et forcer les marchands à se défaire de leurs denrées, à veiller enfin à la circulation des assignats selon leur valeur (4 juillet 1793) [2].

A titre d'indication complémentaire, voici le relevé officiel

1. *Archives de Sanary*, I₂.
2. *Ibid.*, I₂.

dressé au mois de janvier 1793 de la population de diverses communes qui devaient être le témoin des horreurs de la guerre civile : Toulon, 29.760 âmes; La Seyne, 5.035; Six-Fours, 2.478 ; Ollioules, 2.910 ; Saint-Nazaire, 2.098; Le Beausset, 3.060 [1].

IV

Le Conseil général de Saint-Nazaire, tenu le 1er avril 1792, se préoccupa de la mise en état du port. Les dépenses furent évaluées en principe à 40.000 livres au moins. Il fut décidé d'adresser aux administrateurs du district une copie du mémoire envoyé jadis au contrôleur général des Finances, sans succès d'ailleurs [2]. Nous trouvons ensuite aux dates des 4 novembre 1792 et 3 mars 1793 de nouvelles délibérations prises dans ce sens. De même les réclamations réitérées du conseil général du district de Toulon, rappelées le 6 décembre 1792, étaient restées sans objet. Lors de leur visite, les commissaires de la Convention Nationale pour l'inspection des départements maritimes furent étonnés « que ce port si utile au commerce et « même à la République, qui présente toute la sûreté possible « aux bâtiments qu'ils y abordent par son heureuse exposition « aye été négligé au point même de le voir comblé, si ont tarde « plus longtems à réparer du moins la digue principalle qui « couvre le port » (20 février 1793 [3]). Ces commissaires expédièrent à la municipalité un extrait du procès-verbal de leur constat en lui conseillant de recourir au directoire du département. Leurs pouvoirs étaient en effet insuffisants pour engager des dépenses même urgentes [4]. Tous ces avis répétés demeurèrent sans grand résultat, quoique dès le 18 novembre 1790 l'assemblée administrative du département du Var eût autorisé

---

1. *Archives de Sanary*, H$_2$. Ce document a été établi par les soins du directoire de Toulon.
2. *Registre des délibérations*, f° 127.
3. *Ibid.*, f° 215 et 266.
4. Cf. WALLON, *Les représentants du peuple en mission et la justice révolutionnaire dans les départements en l'an II* (1793-94), *passim*.

l'établissement d'un maître calfat « attendu les fréquents abords des bâtimens » à Sanary[1].

Le 23 mars 1793, les administrateurs du directoire du district de Toulon ordonnèrent le tri des papiers les plus « propres au service de l'artillerie » et cette décision tout en fournissant « des ressources aux arsenaux » présentait « l'avantage d'anéan-« tir des titres qui rappellent l'esclavage des peuples[2] ». Hâtons-nous d'ajouter qu'ils se bornèrent à exécuter un ordre venu de Paris. Les gargousses, formées grâce à ces papiers très résistants, devaient être évidemment excellentes, mais les lacunes créées dans l'histoire locale par cette destruction intempestive sont fort regrettables.

Les péripéties de la lutte de 1707 avaient laissé une trace sérieuse dans la tradition populaire. Les Anglais parurent, dit-on, devant Saint-Nazaire le 1er août et canonnèrent ce lieu après avoir pris une tartane de blé et donné la chasse à une seconde tartane qui s'échoua sur la plage et fut incendiée par le patron[3]. Selon un autre écrivain, ce jour-là, 10 bâtiments anglais auraient fait une descente au village, auraient brûlé quelques barques et se seraient réembarqués précipitamment laissant quelques morts sur la plage. Le 2 août, Saint-Nazaire aurait été pillé et brûlé[4]. La version donnée par un troisième auteur est naturellement différente. Le 12 août, la flotte ennemie aurait essayé de faire de l'eau à Saint-Nazaire, mais tous les puits étaient comblés. Les vaillants habitants auraient tué dix hommes et la flotte aurait remis à la voile après avoir tiré quelques volées[5]. Les documents que j'ai publiés ailleurs avec détail[6] anéantissent ces racontages. La légende relative

---

1. *Archives de Sanary*, D4.

2. *Ibid.*, D4.

3. LAMBERT, *Histoire du siège de Toulon* en 1707, etc., p. 50-1. Il cite une descente rapide sur les côtes de Saint-Nazaire, p. 96.

4. TEXTOR DE RAVISI, *Invasion de la France en 1707*, p. 81.

5. LAINDET DE LA LONDE, *Histoire du siège de Toulon*, etc., p. 117. — Un membre de la famille de Chabert est cité à la p. 141. Cf. aussi BRUN, *Op. l.*, t. II, p. 12. Claire-Félicité de Chabert, fille de noble Jacques, écuyer à Toulon, fut baptisée à Sanary en 1735.

6. *Notes historiques sur Sanary* (Var).

au capitaine Granet a été probablement créée de toutes pièces. Bien loin d'avoir fait preuve de courage, la population se serait enfuie durant plus d'un mois et Sanary dut son salut à l'intervention de l'armée royale, dès que les vaisseaux de l'étranger vinrent mouiller dans la rade du Brusc. En outre, une faute d'impression ayant transformé 1707 en 1770 dans le récit d'un érudit, les événements de 1707 ont été reportés par certains à l'année 1770 ! Depuis fort longtemps, de nombreux ouvriers des environs de Toulon travaillaient à l'arsenal de cette ville, lorsque l'intendant Hurson estima le nombre total de ceux de la Seyne, de Sanary et de Six-Fours à 400 (1767)[1]. L'enthousiasme avec lequel tant de capitaines de la marine marchande de cette région mirent leurs services à la disposition des insurgents américains, lors de la guerre de l'indépendance, avait singulièrement exalté le courage et réchauffé l'ardeur patriotique des provençaux. D'autre part, la direction de l'arsenal tint constamment en haleine ses subordonnés depuis l'élévation du duc de Choiseul au ministère de la marine (1761). Dès lors, les autorités locales se rendirent, aussi bien que les flottes étrangères, un compte fort exact de la valeur au point de vue militaire de la rade du Brusc[2]. Les précautions, prises avec une extrême minutie par elles de longs mois avant le siège de Toulon, sont des preuves irrécusables d'un ardent patriotisme et d'une singulière prévoyance. L'insouciance des classes inférieures aurait fini par être annihilée. Malheureusement, l'effort fut concentré sur les batteries.

D'après la lettre adressée le 3 décembre 1792 par les administrateurs du district de Toulon, les frais de transport des munitions de guerre aux batteries étaient à la charge de la direction de l'artillerie, tandis que le transport des armes destinées à la garde nationale incombait aux communes intéressées[3]. La recherche des vieux canons et ferrailles donna peu

1. BRUN, *Guerres maritimes de la France : Port de Toulon*, etc., t. I, p. 493.
2. Selon le rapport d'un capitaine de la marine marchande fait en 1868, la rade du Brusc est excellente quand on connaît le vrai mouillage (*sic*), mais les vagues y sont assez souvent agitées par la houle. Elle renferme beaucoup de mattes ou bas-fonds.
3. *Archives de Sanary* H$_2$.

de résultats, malgré la circulaire du sous-commissaire de la Seyne (15 mars 1793) et les objets recueillis devaient être transportés à Rochefort « pour en fabriquer des canons ». Andrac (Antoine) fit don de 5 canons de fusil et prêta pour la durée de la guerre 2 canons du calibre de 6 livres de balles avec les boulets correspondants, se trouvant au lazaret de Toulon et lui appartenant [1].

Suivant la délibération du 19 août 1792, « les circonstances « où se trouve la France avaient nécessité l'armement de deux « batteries » et l' « établissement d'un corps de garde en ces lieux. Un état de l'armement de la batterie de Portissol, confié à la garde de Bailly, caporal au 2e régiment d'artillerie, et remis par le bâtiment commandé par Fournier, fut dressé le 26 juin. Le même jour, un tableau analogue fut établi pour la batterie de la Cride [2].

Le 4 octobre suivant, les administrateurs du Var accordèrent une solde de 15 sols par jour à chaque volontaire montant la garde aux batteries, et les officiers étaient traités à raison de leur grade. La garde nationale de Six-Fours ne recevait aucune indemnité. Seuls les volontaires de la Seyne percevaient cette somme lors de leur déplacement pour le service des batteries des côtes. Le général d'Anselme, commandant en chef l'armée du Var [3], avait adressé une réquisition dans ce sens au directoire, qui prit une décision uniforme pour toutes les batteries des côtes du département.

Mainville, lieutenant-colonel d'artillerie, sous-directeur de l'artillerie de Toulon, avait fait porter aux batteries précédentes le matériel nécessaire, de son autorité privée; il prescrivit à la municipalité de Sanary d'y placer « une garde de gardes nationales » (18 juin). Cette municipalité s'empressa de témoigner son entière satisfaction et Mainville lui promit divers objets supplémentaires.

1. *Archives de Sanary*, H₂.
2. *Ibid.*, H₁.
3. A son sujet, cf. au moins, REBOULET, *Le général d'Anselme (1740-1814). Sa vie, ses maximes militaires*, Apt, Mistral, 1912, in-12, 224 p., 1 port., 1 pl.

Poussés par on ne sait quel mobile, trois volontaires se firent remettre de force 4 livres de poudre par le canonnier invalide du poste de la Cride. La garde nationale de Sanary réunie sur la place publique les condamna au paiement de 3 charges de blé au profit des pauvres (15 octobre). Ce fait atteste l'insubordination qui régnait en général et ce jugement sommaire rendu par une collectivité peint très bien l'état des esprits.

L'autorité supérieure ne paraît pas avoir été prévenue de cet incident local. Barras, commandant alors de l'artillerie de Toulon, ordonna diverses mesures, sans y faire la moindre allusion. A la demande de la Société des amis de la liberté et de l'égalité de Sanary, il confirma la désignation en qualité de canonniers à ces batteries de deux vrais sans-culottes (19 octobre). La municipalité réclama à deux reprises des affûts et des cartouches (novembre), puis signala le mauvais état de trois canons de la batterie de la Cride (janvier 1793). Dans l'intervalle, le capitaine d'un navire ayant refusé de mettre sa couleur et de se faire connaître fut condamné par Barras à payer la somme de 10 livres 10 sols, prix du coup de canon de 24 que cette batterie avait dû lui tirer (31 décembre)[1].

La défense des côtes continua d'être l'objet d'une surveillance extrême de la part des officiers municipaux de Sanary. Guigou, adjudant général de la 2e légion du district de Toulon, promit de faire obtenir la solde demandée pour les 10 hommes montant la garde aux batteries, puisqu'ils faisaient le service de la troupe de ligne (12 janvier 1793). Le 24 mars, le corps municipal réclama un renfort de 5 hommes par batterie et protesta contre l'envoi irrégulier de gargousses du calibre de 4, adressées par méprise au lieu de cartouches à balle. 1.200 cartouches de cette nature furent ensuite partagées entre les deux batteries, conformément au vœu de la Société des amis de la liberté et le surplus fut déposé « à la grosse tour du village ». Un corsaire espagnol croisait d'ailleurs aux abords de Bandol.

1. *Archives de S n*

Combis, maréchal de camp, approuva immédiatement le « renforcement » des postes. Le 4 avril, la société précédente demanda avec instance diverses réparations à la batterie de la Cride et à sa poudrière, puis, le 9 avril, elle sollicita la remise aux gardes nationales de service, du pain et de la viande nécessaires, en déduction de leur solde[1].

Après une tournée d'inspection, Combis témoigna sa gratitude à la municipalité de Sanary, ordonna l'enlèvement des deux mortiers conservés à Bandol et leur transport immédiat à la batterie du Cap Nègre en y joignant les bombes débarquées à Bandol (20 avril). Six jours plus tard, il nomma Mourenon capitaine d'infanterie de marine, pour commander les batteries, avec l'appoint des canonniers et des 40 hommes de la garde nationale et décida l'occupation des batteries du Cap Nègre et de Rayolet, situées sur le territoire de Six-Fours[2].

Les membres du comité de correspondance de Toulon invitèrent plus tard la municipalité de Sanary à renforcer les batteries et à placer 8 hommes par « canon », d'après « les avis » reçus (19 juillet). Mais le vent ayant repoussé au large l'escadre ennemie, le commandant de la marine annula la réquisition précédente (22 juillet). Bientôt le commandant d'armes de Toulon, Doumet, dut s'opposer à la prétention « des canonniers pour changer de batterie » (7 août), car ils se trouvaient « sous les ordres et sous la direction du commandant des forts et fortifications du département[3] ». Ce point-là était essentiel à éclaircir, comme nous allons le voir.

Les délibérations, précédant immédiatement le début du siège, constatent la pénurie des grains dans le *canton* ou village de Saint-Nazaire. Le 19 août, le comité de subsistance de Toulon venait d'accorder à titre de « dernier effort » dix charges de blé à cette commune et l'avait invitée à se pro-

---

1. *Archives de Sanary*, H$_2$.

2. Au 3 mars 1793, la batterie du Grand-Rayolet comptait 4 canons de 24, celle du Cap Nègre, 1 canon de 36 et 3 de 24, celle de Portissol, 4 canons de 18, et celle de la Cride, 4 canons de 24. Tous ces canons étaient en fer (KREUS et MORIS, *Campagnes dans les Alpes pendant la Révolution*, p. CXXXVI).

3. *Archives de Sanary*, H$_2$.

curer des subsistances pour quelques mois. La municipalité
décida l'ouverture d'une souscription pour parvenir à l'achat,
à Saint-Maximin (Var) ou ailleurs, de 100 charges de blé
(23 août 1793). Pierre Fournier, propriétaire ou ménager et
dont le nom mérite d'être conservé, souscrivit la somme de
1.200 livres[1].

Le 8 septembre, trois volontaires de la 4e compagnie du
4e bataillon du Var versèrent la somme de 400 livres, montant
d'une souscription faite en leur faveur à raison de leur enrôlement et devenue sans objet à cause de leur désertion. Le
conseil décida d'envoyer une partie de cette somme à la
Société populaire de Toulon pour servir à l'équipement de
volontaires et de consacrer le surplus à la réparation des
fusils de la garde nationale. C'était là agir sagement[2].

Bientôt éclata une affaire fort désagréable, dont les détails
sont mal connus jusqu'à présent. Les représentants du peuple
Gasparin et Saliceti ordonnèrent au capitaine d'artillerie,
Mathieu, d'aller visiter les batteries de Saint-Nazaire, de
rendre compte de leur état sans délai au général Carteaux
et de faire arrêter et conduire auprès des représentants les
municipaux et les habitants « ayant trempé dans le noir com-
plot de l'enlèvement des canons et des mortiers » (Bandol,
10 septembre). L'ordre primitif émanait du général Dours ou
d'Ours, chef de brigade de l'armée de Carteaux[3]. La date
du 8 doit être substituée à celle du 10, portée par la copie
couchée sur le registre des délibérations[4].

Réuni d'urgence et avec une émotion facile à prévoir, le
9 septembre, le Conseil général de la commune protesta de
son dévouement aux principes de la Révolution et dégagea sa
responsabilité des faits accomplis. En réalité, le 1er septembre,
s'était présenté devant la municipalité un gendarme porteur

---

1. *Registre des délibérations*, fos 351-2.

2. *Ibid.*, fos 353-4.

3. Cf. l'ouvrage récent ayant pu paraître, notamment grâce à la générosité de
M. et Mme de Faucher : LAVAL, *Le général Joseph-François Dours*, etc. (Avignon,
Seguin, 1912).

4. *Registre des délibérations*, fo 354.

d'un ordre du comité général des sections de Toulon contenant injonction de faire procéder à ce désarmement. Elle refusa. Le lendemain à minuit arrivèrent deux gendarmes précédant un détachement de 25 hommes d'un régiment de ligne et munis d'une nouvelle injonction rappelant que l'armement des batteries était la propriété de la ville de Toulon. Les officiers municipaux, tirés de leur lit, durent céder à la force ; ils espéraient de cette façon ne pas compromettre les marins de leur village embarqués sur les bateaux de la République et les ouvriers de l'arsenal, leurs compatriotes. Les batteries furent désarmées ; les affûts, les boulets, la poudre et tout le matériel furent transportés au port de Toulon sur un bâtiment spécial. Toutefois, deux canons du calibre 4, montés sur leurs affûts, furent cachés avec des boulets et de la poudre. Le tout fut remis à un détachement de l'armée du général Carteaux, dès son passage à Saint-Nazaire, le 8 septembre.

La même municipalité ne pouvait être rendue responsable de l'enlèvement des deux mortiers, car les batteries les ayant possédés étaient situées sur le territoire de Six-Fours [1].

Enfin d'Olonne avait été commis par le comité général des sections de Toulon, le 28 août, pour se rendre à bord du vaisseau de l'amiral Hood pour l'instruire de la situation de la ville. Il exhiba son ordre à la municipalité de Saint-Nazaire et au comité de ce lieu, en les assurant que l'objet de sa mission consistait uniquement à faire laisser le passage libre à un convoi de blé, venant de Tunis, pour la subsistance du département du Var, notamment pour celle de Saint-Nazaire, dont le convoi de deux charrettes de blé, acheté à grands frais à Saint-Maximin, avait été saisi par un détachement de l'armée du général Carteaux, qui cependant l'avait restitué.

La municipalité n'avait jamais vendu de vin à l'escadre ennemie, car, depuis cinq mois, elle avait défendu la sortie de toute espèce de vin à cause de la pénurie de la récolte. Bien plus, deux bâtiments chargés de vin provenant de Marseille, ayant aperçu l'armée anglaise, déchargèrent leurs marchan-

1. *Registre des délibérations,* fos 355 et s.

dises dans le port de Saint-Nazaire et ce vin fut immédiatement charrié par des voitures à Toulon.

Cette municipalité fit valoir un dernier argument en sa faveur et ses dires étaient rigoureusement conformes à la réalité. Nous les transcrivons : « Enfin, une dernière preuve « qui fait certainement pour le canton de St-Nazaire et qui « prouve toujours plus son attachement à la République. « Requise comme les autres communes à fournir une force « armée à la ville de Toulon, elle s'y est absolument refusée « et par ce moyen elle peut se flatter n'avoir aucun de ses « concitoyens qui ait pris les armes contre la République. » Toute résistance au désarmement des batteries eût d'ailleurs amené une grave effusion de sang.

Pierre Ourdan, officier municipal, et Charles Roustan, notable, furent chargés d'aller exposer la situation aux représentants du peuple [1].

La lettre de demande d'un contingent militaire, adressée par les sections de Toulon à la ville de Sanary, n'a pas été conservée. Toutes mes recherches pour la retrouver sont demeurées vaines, malgré l'obligeance inépuisable de M. Susini, secrétaire de la mairie, et malgré le classement méthodique des archives dû à M. Henri Flotte. Sa reproduction aurait été certainement instructive. Quoi qu'il en soit, le désarmement des batteries défendant l'accès de la rade du Brusc ne fut pas le fait des Anglais, comme quelques auteurs l'ont affirmé. La vérité est désormais rétablie.

Naguère encore, les approches de Sanary étaient commandées par les batteries du Cap Nègre, de Portissol et de la Cride [2]. Actuellement, le palladium de toute la rade du Brusc est le fort récent du Gros-Cerveau se trouvant sur le territoire de Sanary.

Au témoignage de plusieurs historiens, les députés du comité général, dans leur hâte à remplir leur mission, gagnèrent, la nuit venue, Sanary, d'où sous la conduite de l'officier

---

1. *Registre des délibérations*, fᵒˢ 356-8.
2. MEYER, *Promenade sur le chemin de fer de Marseille à Toulon*.

parlementaire ils atteignirent, grâce à un bateau de pêche, le vaisseau de l'amiral Hood [1]. Selon une autre version, Cook et ses compagnons, pour échapper aux poursuites des chaloupes du contre-amiral Saint-Julien, « gagnèrent comme ils purent « le village de Saint-Nazaire, d'où ils ne réussirent à aborder « la flotte anglaise qu'à la nuit [2] ». Évidemment, Sanary fut uniquement témoin du passage de d'Olonne, dans les conditions indiquées au registre des délibérations.

Par suite d'une supputation défectueuse et que l'on retrouve ailleurs, dès le 1er janvier 1793, l'autorité reporta aux premiers mois de cette année-là l'an IIe de l'ère républicaine et l'on trouve même cette erreur avec mention de l'an III au début de l'année 1794.

La commission provisoire du district de Toulon « remplaçant provisoirement le Directoire du département du Var » suivit ces errements. Une lettre, datée à Toulon du 14 août 1793 « l'an IIe, etc. », concerne la fontaine et l'horloge publique de Saint-Nazaire. La même méprise se rencontre sur les registres des délibérations du Conseil général et de la Société patriotique. Malgré les événements, la commission provisoire continua à s'occuper de l'administration des communes les plus voisines de Toulon, mais nous lisons sur une lettre relative à l'horloge et à la fontaine précédentes : « Fait au Directoire du département du Var à Toulon, le onze septembre « 1793, l'an Ier du règne de Louis Dix-Sept », et cette lettre est parfaitement parvenue à destination, la municipalité de Sanary [3]. C'est le dernier contact pris par celle-ci avec la nouvelle administration toulonnaise. Hyères, Cuers, Solliès-Pont, La Vallette, Ollioules et d'autres villes peut-être encore, s'étaient fédérées avec Toulon au commencement de la seconde moitié du mois d'août [4]. Sanary montra plus de circonspection, mais elle eut le tort de continuer de corres-

1. Brun, Op. c., t. II, p. 222, et d'autres écrivains.
2. Laval, Op. c., p. 331.
3. Archives de Sanary, N₃.
4. Denis et Chassinat, Hyères ancien et moderne, p. 128.

pondre avec un pouvoir insurrectionnel. Son occupation définitive par l'armée républicaine dut avoir lieu le 12 septembre.
Dès le 6 ou le 7 de ce mois, il s'y trouva réunis quelques
groupes de soldats appartenant aux volontaires du Var, incer-
tains de l'attitude à observer. Le 8 septembre, les avant-
postes de Carteaux n'étaient pas aussi avancés qu'on l'a écrit,
car dans cette hypothèse la lettre partie le 11 de Toulon
aurait été interceptée.

Mentionnons quelques mesures de rigueur. Fut arrêté à
Sanary, Brun « ex-municipal » de la Ciotat (18 juillet 1793),
comme devait l'être plus tard César Gautier, habitant le premier de ces lieux (brumaire an II). Le commandant d'armes
de Toulon demanda l'avis de la municipalité et de la section,
dite l'amie des lois, au sujet de la punition à infliger à Barthélemy Granet, enseigne de vaisseau non entretenu et conduit à
bord du vaisseau-amiral avec ordre de le garder à vue (19 juillet). Trois jours plus tard, les membres du Comité de Salut
public d'Ollioules annonçaient le désarmement de Daumas,
fils aîné, notamment, comme suspect et de conformité à la
délibération de la section de l'Union permanente (22 juillet)[1].

V

Dans le paragraphe précédent, nous avons rencontré les
noms d'Olonne, Combis, Doumet, Mainville et Mathieu. Les
quatre derniers étaient des officiers de valeur, mais la trace
laissée par eux dans l'histoire est peu profonde.

Quant à d'Olonne[2], l'examen des registres des délibérations

---

1. *Archives de Sanary*, I₂ et D₄.

2. Olonne ou Aulonne était un fief, sis dans le territoire de Séguret (Vaucluse).
D'après les manuscrits Massilian, Esprit-Thomas de Tillia, seigneur d'Olonne, fut
marié le 17 juin 1734, et son fils Jean-Joseph-Siffrein de Tillia, aurait été marié
en 1723 [!]. (Bibl. d'Avignon, t. VIII, f° 201.) La même bibliothèque conserve divers
documents concernant cette terre et Jean-Joseph-Siffrein de Tillia, dont la maison
est tombée en quenouille, au cours du XIXᵉ siècle, dans les familles de Guilhermier
et de Sobirats. L'agent accrédité auprès des Anglais était-il comtadin ou apparte-
nait-il à une famille encore représentée de nos jours, d'Ollone ou d'Olonne? Il ne m'a
pas été possible d'élucider ce point. Serait-ce le major d'Olonne, mort à Carpentras
au commencement du XIXᵉ siècle, selon l'érudit M. Gap? Pour la famille de Tillia,
cf. PITHON-CURT, *Histoire de la noblesse du Comté Venaissin*, etc., *passim*.

de la ville de Sanary prouve que c'était là l'un des émissaires
et non des moindres des sections de Toulon auprès de l'amiral
Hood. Son rôle n'était pas encore connu. Dans la soirée du
28 août, cet amiral fit débarquer 1.500 hommes et il prit possession le lendemain du fort La Malgue ou Lamalgue. On
savait que les escadres anglaise et espagnole avaient mouillé
le même jour (29) dans la rade de Toulon, mais on ignorait la
dernière démarche tentée auprès de l'amiral par les sections,
et le premier emplacement de l'escadre des Anglais, à grande
proximité de la rade du Brusc, d'où il était si facile de suivre
les événements. Les autres communications entre les sections
et Hood doivent avoir eu lieu par voie de mer en côtoyant
le cap Sicié et cette partie du littoral qui fut préservée des
horreurs de la guerre par sa situation plutôt que par son éloignement de Toulon, de qui l'on put dire bientôt, avec le
poëte :

> En ces temps-là, c'était une ville tombée
> Au pouvoir des Anglais, maîtres des vastes mers,
> Qui, du canon battue et de terreur courbée,
> Disparaissait dans les éclairs [1].

VI

Le rôle joué par Carteaux, antérieurement aux tentatives
insurrectionnelles du Midi, est peu connu. Du reste, le séjour
prolongé d'enfants de la Drôme à Sanary, peu de temps après
la prise de Toulon, et les réquisitions adressées par ce général
à la municipalité de cette ville, nous amènent fatalement à
exhumer une série de documents inédits ou mal étudiés, relatifs au recrutement des bataillons de ce département.

Tout d'abord, la situation était tendue depuis longtemps, et
l'on put craindre un instant la formation à Pont-Saint-Esprit
d'un nouveau camp de Jalès. Deux compagnies de canonniers
du régiment de Grenoble-Artillerie furent enlevées de Valence
au profit de Pont-Saint-Esprit (22 février 1791) et en même
temps, le régiment de Soissonnais fut transféré de Montélimar

---

1. Victor Hugo, *Les Châtiments, Toulon.*

dans le Comtat en passant par St-Paul-Trois-Châteaux[1]. Deux escadrons du régiment de Penthièvre furent envoyés à Pont-Saint-Esprit (24 février). Le 19 mars, 33 hommes du régiment de Lorraine furent détachés en ce lieu. Le 30 juillet, une compagnie de canonniers du 1er régiment d'artillerie et 4 ouvriers de la 6e compagnie furent choisis dans le même but. L'année suivante, une demi-compagnie de mineurs eut cette affectation (20 mars 1792). Par contre, reçurent l'ordre de quitter cette ville : 1° le 1er bataillon du 40e régiment d'infanterie pour tenir garnison à Montélimar (5 avril 1791); 2° une compagnie du 8e régiment de dragons ci-devant Penthièvre, pour gagner le Péage-de-Roussillon tout au moins (9 avril); 3° le 2e bataillon du 67e régiment d'infanterie pour « demeurer » à Orange, en remplacement du 2e bataillon du régiment de Sonenberg-Suisse, devant traverser le département de la Drôme par étapes, dans la direction du Péage-de-Roussillon (9 août)[2].

Ces mouvements inusités de troupes répondaient évidemment aux nécessités du moment, mais ils témoignaient hautement des inquiétudes éprouvées par l'autorité supérieure.

La réponse de Kellermann aux chefs d'accusations portés contre lui ne renferme que peu de renseignements sur les mouvements fédéralistes du Midi. Nommé le 10 novembre 1792 au commandement de l'armée des Alpes par le Conseil exécutif provisoire, il s'enquit de Lyon auprès des administrateurs de la Drôme « des régimens qui sont en garnison ou cantonnés » dans ce département (18 décembre)[3]. A première vue, un tel désarroi paraît invraisemblable, car ce général aurait dû avoir entre les mains un état exact des garnisons, dès la prise de possession de ses fonctions.

Sitôt placé à la tête du recrutement de l'armée des Alpes, Carteaux adressa de Tournon, le 20 mars 1793, une lettre in-

1. La route suivie n'est pas tracée dans notre document.
2. Mes archives. Les ordres de 1791 ont été signés par Louis XVI et contresignés par le ministre de la guerre Duportail. Cependant, ce dernier a signé tout seul l'ordre du 30 juillet. Celui de 1792 est revêtu des signatures du roi et du ministre de la guerre, de Grave.
3. S. l. n. n., an III, in-4°, 24 p. (*Archives départementales de la Drôme*, L 56₂).

sistant sur « l'immensité des départements » à parcourir et priant les citoyens « membres composant le directoire de ces départements, de désigner eux-mêmes les commissaires suppléants[1] devant correspondre avec lui et dont le traitement serait de 150 livres par mois[2]. L'indifférence de cet adjudant-général dès son arrivée à Tournon, siège du bureau central de ce recrutement, était évidente. Les décisions prises par lui sont rarement parvenues jusqu'à nous. Elles décèlent, à n'en pas douter, un esprit peu actif, même dans l'exercice de ses fonctions d'officier recruteur. Des critiques analogues doivent être adressées au lieutenant général de Montesquiou-Fezensac, commandant en chef de l'armée du Midi. D'après ses instructions, Poncet, maréchal de camp et chef de l'état-major de cette armée[3], enjoignit à l'aide de camp et lieutenant-colonel de Beauvert[4] « de se rendre dans les départements de la « Drôme et de l'Izère pour faire rassembler les grenadiers, « chasseurs, canonniers et dragons, qui font partie des gardes « nationales desdits départemens, afin de former, d'après la « loi du 25 juillet 1792 et conformément à l'instruction qui « leur a été donnée, les bataillons et compagnies destinés à « renforcer l'armée du Midy et les diriger vers les cantonne- « mens qu'il jugera convenable » (6 août 1792)[5]. La lecture d'une telle pièce est bien de nature à provoquer une sorte d'ahurissement même chez les personnes les plus étrangères aux choses militaires.

L'absence d'unité de vues devait fatalement porter de graves atteintes à la discipline. Choisissons quelques exemples caractéristiques.

1. Peron, adjudant-général de la légion de Nyons et commissaire pour le recrutement de l'armée dans le canton de Rémuzat, se noya dans l'Eygues, au-dessus des Pilles (fin mars 1793). Les chefs de bataillon eux-mêmes étaient qualifiés adjudants généraux, comme Peron.

2. *Mêmes archives*, L 56₂.

3. Un maréchal de camp de ce nom fut nommé préfet du Jura (1800).

4. Serait-ce Jean Quintin de Beauvert, d'une famille de Donzère (Drôme), et connu seulement comme capitaine du génie ?

5. Mes archives (copie de l'époque, due à Bouvier, secrétaire). Le quartier général se trouvait alors à Ruy (Isère).

Une lettre, adressée, de Pont-Saint-Esprit, aux administrateurs du district de Nyons, le 19 août 1793, signala plusieurs désertions de fusiliers en garnison dans ce premier lieu. Au contraire, les volontaires de Livron sollicitèrent leur départ de préférence dans les 3e et 6e bataillons de la Drôme (mars 1793). Antérieurement, les défections du 2e bataillon avaient été nombreuses (décembre 1792). D'après une missive du commissaire des guerres de Sucy[1] et du commandant des troupes à Valence, Boveron[2], chaque compagnie franche devait comprendre 200 hommes. Ce total ne pouvait pas être atteint, car depuis un certain temps « la désertion remplace les remplacements » (novembre 1792) et les fugitifs invoquaient le défaut d'armement, d'habillement et d'équipement[3].

Une lettre due à Montgaillard, maréchal de camp, commandant de Barraux (Isère), du 3 août 1792, annonça l'envoi d'un mémoire « de tous les articles nécessaires » pour armer le 1er bataillon de la Drôme. Ce bataillon traversa l'Albenc (Isère) le 16 septembre suivant et signala sa présence par des manifestations contre les gardes nationaux, dont les costumes étaient ornés de fleurs de lis et contre la demeure de Maillefaud, chef de la 1re légion du district de Saint-Marcellin, où se voyaient des fleurs de lis.

En principe, l'agitation était extrême dans la vallée du Rhône et, le 14 août 1792, les commissaires (sic) de Valence firent brûler, au bureau de la poste, les journaux et gazettes proscrits dans le département[4]. Peu de jours après, cette ville dut supporter un cantonnement de 10.000 à 12.000 hommes. Le mois suivant, trois compagnies franches furent formées à Romans, conformément aux ordres de Poncet, dont nous avons déjà cité le nom. Un bataillon de 450 hommes de la garde

1. Sa biographie a été donnée par de nombreux auteurs locaux et autres, à la suite de Rochas.

2. Frère du futur administrateur du dépt de la Drôme dont Pie VI n'eut qu'à se louer.

3. *Archives de la Drôme*, L 56₁.

4. Cf ANDRÉ, *Histoire de la Révolution avignonaise*, t. II, p. 158 et s. Les renseignements donnés par cet auteur seront rectifiés dans une notice relative au *Signe de réconnaissance des aristocrates* (H 93).

nationale d'Aix-en-Provence, en marche pour Paris, se trouva à Montélimar le 27 septembre et devait arriver à Valence le 29, etc. N'ayant pu traverser l'Isère, il se rendit à Romans pour partir le 3 octobre à destination de Saint-Vallier; Sucy, commissaire des guerres, prévint en toute hâte de cette circonstance, Enfantin [1], maire de Romans [2]. D'une manière générale, le zèle de l'administration militaire est à louer [3].

Le 6 novembre, le 2ᵉ bataillon des volontaires nationaux de l'Ariège parvint dans cette ville de Romans « fatigué par des ordres successifs pendant deux jours ». Bientôt le 2ᵉ bataillon du Cantal, destiné à prendre ses quartiers d'hiver à Valence, reçut l'ordre de se rendre à Nîmes et le 2ᵉ bataillon du 59ᵉ régiment d'infanterie, envoyé à Valence, reçut l'ordre de gagner Grenoble pour être réuni au 1ᵉʳ bataillon. Aussi le 4ᵉ bataillon de la Haute-Garonne, devant séjourner à Montélimar pendant l'hiver, resta-t-il à Valence. Ces décisions, prises par le général en chef de l'armée des Alpes, furent transmises aux autorités civiles par Dubreil, adjudant-général de cette armée, se trouvant à Laudun (Gard) [12 décembre]. Les étapes successives de Valence à Grenoble étaient Romans, Saint-Marcellin et Tullins [4].

Une cruelle indécision régnait de toutes parts. Les soldats étaient éloignés de leur pays d'origine, avec un soin extrême, dans le but de soustraire leur fidélité aux influences locales. D'autre part, le mouvement perpétuel des troupes

1. Le saint-simonien Enfantin appartenait à sa famille.

2. Citons un acte de générosité. Fayolle versa 100 livres en un assignat lors de la souscription ouverte à Romans en faveur des citoyens s'enrôlant.

3. Le déchet, dérivant de l'état de santé, fut véritablement énorme jusque vers 1800. Un état, dressé le 29 brumaire an VII, par l'administration municipale de Bourdeaux (Drôme), des réquisitionnaires dispensés de rejoindre par la loi du 23 fructidor précédent, est particulièrement instructif. Sur 28 dispensés, se trouvaient 3 épileptiques, 7 blessés, 12 mariés, 1 réformé au camp d'Ollioules, etc. — Bon, commandant le 9ᵉ bataillon de la Drôme, certifia, le 28 mars 1793, que sur l'effectif de 705 hommes composant ce bataillon, 80 étaient incapables de servir pour défaut d'âge, pour raison de santé et pour cause d'infirmités! Nous retrouverons plus loin cet officier. Il devint général de division et fut tué au siège de Saint-Jean-d'Acre. — *Mêmes archives*, L 56₁.

4. *Archives départementales de la Drôme*, L 56₂.

engendrait leur lassitude et altérait leur confiance dans leurs chefs.

Le tableau suivant, déjà connu par ailleurs, que nous reproduisons tel quel, nous a transmis l'emplacement de nombreux régiments avant que les événements aient pris une tournure très grave.

3e Grande division comprenant la frontière des Alpes et les Côtes de la Méditerranée, composée des 7e, 8e, 9e et 23e divisions militaires

RÉGIMENTS QUI COMPOSENT CETTE DIVISION

Nos DES RÉGIMENTS	ANCIENS NOMS des régiments	EMPLACEMENTS	BATAILLONS	FORCE ACTUELLE des régiments	MANQUE AU COMPLET de guerre	DÉPARTEMENTS auxquels ils sont attachés
		Infanterie :				
11	La Marine	Toulon	2	1.097	478	Isère.
26	Bresse	Bastia	2	901	614	Drôme.
27	Lyonnois	Montpellier	2	959	556	Hautes-Alpes
28	Du Maine	Draguignan	2	980	535	Basses-Alpes.
38	Dauphiné	Aubenas	2	803	712	Var.
40	Soissonnois [1]	Grenoble	2	1.083	432	Bouches-du-Rhône.
42	Limousin	Ajaccio	2	899	616	Gard.
52	La Fère	Bastia	2	864	651	Lozère.
59	Bourgogne	Alais	2	981	534	Aveyron
61	Vermandois	Béziers	2	1.015	500	Hérault.
72	Vexin	Antibes	2	852	663	Tarn.
75	Monsieur	Briançon	2	1.260	255	Corse.
77	La Marck	Avignon	2	1.385	130	
79	Boulonnois	Avignon	2	1.019	496	
91	Barrois	Toulon	2	1.180	335	
93	Enghien	Mont-Dauphin	2	1.050	465	
		Bataillons de chasseurs :				
1	Royaux de Provence	Monaco	1	371	322	
2	Royaux de Dauphiné	Orange	1	515	178	
3	Royaux Corses	Courthézon	1	514	179	
4	Corses	Montpellier	1	474	219	
8	Des Vosges	Uzès	1	427	266	
11	Des Ardennes	Lorgues	1	366	357	
		Artillerie :				
4	Grenoble	Valence	2	1.085	432	

1. En garnison à Montélimar, il quitta cette ville pour aider au rétablissement de l'ordre dans le département du Gard et d'après les instructions du général d'Albignac (février 1791).

N⁰ˢ DES RÉGIMENTS	ANCIENS NOMS des régiments	EMPLACEMENTS	BATAILLONS	FORCE ACTUELLE des régiments	MANQUE AU COMPLET de guerre	DÉPARTEMENTS auxquels ils sont attachés
		Cavalerie :				
»	»	»	»	»	»	
		Hussards[1] *:*				
»	»	»	»	»	»	
		Dragons :				
8	Penthièvre.	Tarascon	3	434	85	
9	Lorraine.	Nîmes.	3	427	92	
18	Du Roi	Montpellier	3	437	82	
		Chasseurs à cheval :				
»	»	»	»	»	»	

1. Au mois de mai 1791, du Chillau ou Chilleau, commandant des troupes de ligne, annonça l'envoi de Lyon dans la Drôme de deux escadrons du 5ᵉ hussards pour prévenir les incursions des Avignonnais. Était-il de la famille de l'évêque de Châlons, du Chillau ?

Ce document n'est pas daté[1], mais la lettre d'envoi faite par Job Aymé, procureur général syndic[2], est du 8 février 1792 et constate qu'il a été dressé en vertu de l'article 14 de la loi du 25 janvier précédent. A ce moment-là, il était évident que les effectifs étaient fort incomplets et qu'un remède devait être apporté à cette situation.

Une lettre officielle du 25 janvier, adressée à de Choisy, commandant-général de la 7ᵉ division, prouve qu'à cette époque le maire de Romans sollicitait le maintien d'un détache-

1. *Tableau des quatre grandes divisions de l'Armée et des départemens désignés pour recruter les régimens qui composent ces divisions, s. l. n. n., in-fᵒ, 10 p.* La 1ʳᵉ grande division était sous les ordres du maréchal de Rochambeau, et la 2ᵉ division sous ceux respectifs de Lafayette et du maréchal de Luckner. Les commandants de la 3ᵉ et de la 4ᵉ division ne sont pas indiqués. Luckner quitta Grenoble au commencement du mois d'août 1791 où il commandait les 7ᵉ et 8ᵉ divisions et se rendit à Strasbourg pour prendre le commandement des 5ᵉ et 6ᵉ divisions.

2. Le futur député royaliste de Montélimar, dont la vie est bien connue.

ment de chasseurs dans cette ville. Notre tableau ne fait pas
état des détachements temporaires [1].

Le 1er bataillon des volontaires du département de la Drôme
fut formé à Montélimar le 8 octobre 1791 et se composa de
7 compagnies. L'état-major comprenait : Guynet, de Montélimar, commandant ; Riverot, de Paris, adjudant-major, ancien
artilleur ; Labretonnière, de Crest, quartier-maître ; Le Moine,
adjudant sous-officier, sortant du régiment de Boulonnais ;
Pansu, de Valence, chirurgien-major. En attendant qu'une
étude spéciale lui soit consacrée, d'après les notes laissées par
le sergent-major Urdy (Jean-Pierre), né à Cléon-d'Andran
(Drôme) [2], devenu sous-lieutenant le 1er floréal an III, puis
capitaine et chevalier de la Légion d'honneur, notes qu'a bien
voulu m'offrir M. Albert Marre, conseiller municipal à Montélimar et marié à son arrière-petite-fille, constatons que ce bataillon a généralement fait preuve de la plus grande endurance.

Fatalement, l'ennui est engendré par l'uniformité. L'abus
des appels de volontaires devait provoquer une réaction à
bref délai. L'insuccès des levées était devenu tel que l'inquié-
tude était à l'ordre du jour dans les hautes sphères politiques.
Le 5 mars 1793, les commissaires de la Convention dans les
départements méridionaux manifestèrent de Toulon, aux
administrateurs du département de la Drôme, « leur juste
impatience » de connaître le succès de l'enrôlement et « l'empressement de leurs concitoyens pour le recrutement de l'artillerie, de l'infanterie de marine et des volontaires matelots ».

Eût-il été porté naturellement à faire preuve d'énergie, qu'il
eût été impossible à Carteaux de remonter le courant de la
fatalité. Les meilleurs officiers, tels que Championnet et Bon,
ne pouvaient pas, eux-mêmes, parvenir à réveiller la fibre
patriotique de leurs soldats et à les retenir dans la voie du de-

1. Les registres des engagements volontaires, conservés aux archives départementales de la Drôme, ne renferment rien de bien intéressant pour la période de 1770 à
1793 inclus.

2. Il est mort en ce lieu en 1849, à 79 ans, et il avait été reçu maçon à la Loge
Saint-Louis de la Bienfaisance, à Châlons-sur-Marne (1808). Sa croix fait aussi
partie de mes collections.

voir. D'après la circulaire, datée de Perpignan, des commissaires de la Convention dans les départements méridionaux,
les gendarmes eux-mêmes, employés au service des armées,
abandonnaient leurs drapeaux (15 mars 1793). Mentionnons
une lettre de Rigaud, lieutenant-colonel du 4ᵉ bataillon et futur
député, déclarant que 60 hommes ont fait défaut au contingent du district de Nyons et 18 à celui de Die (17 mars).
Au peu d'empressement avait succédé l'insubordination. A ce
moment-là (20 mars) parut la circulaire conçue en termes
énergiques de Royanez, procureur-syndic du district de
Valence, vantant le patriotisme du contingent fourni par ce
district[1]. Au contraire, Barnave, procureur-syndic du district
de Crest, signalait le retard apporté par les communes de
Crest et de Bourdeaux.

Les dépenses des commissaires pour l'organisation des bataillons de volontaires de la Drôme s'élevaient à 1.818 l. 5 s.
(mars 1793) et une lettre du Conseil exécutif provisoire approuva l'arrêté destiné à « mettre un frein à la lâcheté des
volontaires nationaux et troupes de ligne » de ce département
(11 mars).

Se trouvant à Jougne, au district de Pontarlier (département
du Doubs), Championnet, lieutenant-colonel, commandant du
6ᵉ bataillon, signalait aux administrateurs du directoire du
district de Die[2] la désertion de 8 soldats pendant son séjour et
son passage à Lyon (1ᵉʳ janvier 1793). L. A. Bon, commandant du 9ᵉ bataillon, dressa peu de temps après (1ᵉʳ février),
à Montélimar, l'état des 13 fugitifs du contingent placé sous
ses ordres. Le 5 mars suivant, Championnet, étant encore à
Jougne avec le même bataillon, dénonça 2 Drômois ayant fui
au moyen d'un billet d'hôpital et déclara qu'il lui manquait
« au complet » 103 hommes[3] !

1. *Archives de la Drôme*, L 56₂.
2. C'étaient de Lamorte, Serroul, Chevandier, Vallentin et Gilly.
3. A ce moment-là, P. Aurel imprima de nouveau une brochure de huit pages
relative aux déserteurs du département du Lot. Gilly stigmatisa la conduite des
déserteurs dans une longue missive, comme d'ailleurs le directoire du département
le fit.

Tout en remplissant ses fonctions d'une façon irréprochable, notre compatriote faisait preuve d'une bonté exceptionnelle vis-à-vis de ses concitoyens. Voici le texte d'un certificat entièrement autographe :

Nous chef du sixième bataillon de la Drôme, certifions que le citoyen Mathieu Gaux, fils de Jean Gaux et de Marie Grosse, natif de Loriol, district de Valence, département de la Drôme. Lequel à (sic) servi depuis Le 5 aoust de L'ennée (sic) dernière où il continue son service. En foy de quoy nous Lui avons délivrée (sic) Le présent.

Besançon, Le 20 juillet 1793. Le deux (sic) de la Rép⁰ f. une et indivisible.

Le chef du 6ᵉ Bᵒⁿ de la Drôme,
CHAMPIONNET [1].

Les légendes du sceau étaient : VOLONTAIRES NATIONAUX — 6ᴱ BATAILLON DE LA DROME. Dans le champ, un faisceau de licteur surmonté du bonnet phrygien. Au-dessous, RÉPUBLIQUE FRANÇAISE en deux lignes. Qu'est devenue la matrice de ce sceau ?

La 8ᵉ compagnie du 2ᵉ bataillon de la Drôme, détachée à Forcalquier, se plaignait, le 26 avril 1793, du manque d'enthousiasme et de l'abus des congés. Dès le mois de décembre précédent, Guynet, lieutenant-colonel, commandant le 1ᵉʳ bataillon [2], rattaché à l'armée de Savoie, avait fait dresser un état de 18 déserteurs, et Vaubois [3], lieutenant-colonel, commandant le 3ᵉ bataillon, se trouvant alors au Bourg-Saint-Maurice, regrettait de son côté le manque de courage.

En signalant 9 déserteurs du 5ᵉ bataillon, le lieutenant-colonel Escoffier se plaignait que le département et les districts de la Drôme refusaient de faire des avances « en habillement et

---

1. Mes Archives.

2. Pour les familles Guynet, Boveron, Enfantin (au mot L'enfantin), de Lamorte-Félines, Chevandier et Vallentin, cf. VILLAIN, *La France moderne, Drôme-Ardèche, passim.* Claude-François Guynet, devenu lieutenant-colonel, épousa mon arrière-grand'tante Jeanne-Marie Odouard. Il est le grand-père de M. William Guynet, délégué du Congo et l'un des fondateurs d'un cours d'études coloniales au Collège de France.

3. Il fut nommé général de brigade au cours de l'année 1793.

équipement » aux recrues et aux volontaires. Cette circonstance obligeait ces derniers à rester dans leurs foyers. Au contraire, mieux inspirés, d'autres départements et notamment celui du Doubs se montrèrent plus conscients de leurs devoirs. L'administration de ce dernier eut une attitude particulièrement digne d'éloges, car elle habilla, équipa et arma 18 bataillons d'une façon complète ! En terminant, Escoffier ajouta : « Elle a habillé et équipé en partie le bataillon de Champion« net et le mien et me remet encore aujourd'hui 100 havresacs « et souliers, ce que la trésorerie nationale lui fait payer de « suite, sur mon récépissé, m'ayant déjà fourni pour 40.000 li« vres. Voilà, citoyens, de vrais républicains [1]. » Le 9e bataillon compta presque tout de suite 44 déserteurs et 25 soldats partis avec une permission et n'ayant pas rejoint ! Parmi les premiers se trouvait François Pie, né à Valréas (district de l'Ouvèze), différent du courageux Drômois [2].

La 3e compagnie formée dans le Diois perdit 38 recrues ayant « lâchement abandonné leurs drapeaux » en cours de route pour Colmars (Basses-Alpes) [3]. Le numéro du bataillon n'est pas indiqué [4].

Aux termes d'une lettre, datée de Marseille, du 8 avril 1793 et destinée par les commissaires de la Convention Bayle et Boisset, au procureur général syndic de la Drôme [5], leur intention était de « partir demain pour Toulon où nous ferons, « disaient-ils, une purge de cy-devant officiers sur nos vais« seaux en un mot nous ferons tout pour la chose publique et « nous osons assurer que le Midi sauvera le Nord [6]. » Nombre

1. Lettre du 29 janvier 1793, datée de Besançon et adressée au procureur-syndic de la Drôme.

2. A noter l'enthousiasme constaté à Nyons et à Châtillon, où les volontaires furent enrôlés sans avoir eu recours au sort.

3. Du 1er décembre 1792 au 24 janvier 1793, 21 hommes abandonnèrent la compagnie des grenadiers du 2e bataillon occupant Alais à cette dernière date.

4. *Archives départementales de la Drôme*, L 56₁ et L 56₂. Ces cartons renferment des lettres de Kellermann, de du Muy, de Montesquiou, etc.

5. Celui-ci recommanda à Kellermann deux de ses compatriotes et ce général répondit de Chambéry qu'il « serait charmé de trouver l'occasion de les employer d'une manière digne de leur zèle et de leur civisme » (14 avril).

6. Lettre entièrement autographe de Boisset. Le 18 avril, ils réclamèrent de Mar-

d'officiers épargnés gardèrent, dans leur for intérieur, une haine profonde contre la Révolution. Plusieurs mesures intempestives allumèrent dans leur cœur une rancune tenace, qui les détermina à se joindre, quelques mois plus tard, aux sections de Toulon. Dans cette circonstance, Bayle et Boisset manquèrent de mesure.

Contrairement à leurs prévisions, le Midi ne sauva pas le Nord. Le mal était encore plus profond dans les départements des Bouches-du-Rhône, de Vaucluse et du Var que dans celui de la Drôme. Selon un état signalétique comprenant 1.675 noms, le 5ᵉ bataillon du premier de ces départements, composé d'un grand nombre de Vauclusiens, compta 267 fugitifs et le 7ᵉ bataillon du Var, formé à peu près uniquement au moyen de Varois, perdit par désertion 204 hommes, antérieurement au 14 germinal de l'an II[1].

Les arrêtés succédèrent aux arrêtés et laissèrent les intéressés parfaitement indifférents. Le 18 juin 1793, les représentants, envoyés près l'armée des Alpes, ordonnèrent la centralisation des chevaux de luxe à Grenoble, au quartier général de l'armée des Alpes. Leur décision étant restée à l'état de lettre morte, ces représentants lancèrent le 2 juillet une énergique proclamation pour son exécution[2]. A ce moment-là, l'ancien Dauphiné était pour ainsi dire dépouillé de tout. Il avait été dévasté comme un pays conquis. L'action de l'autorité civile, même la plus qualifiée, était annihilée par la force d'inertie opposée par les habitants, et l'influence de l'autorité militaire était insignifiante.

Les multiples difficultés rencontrées dans l'application de la loi du 24 février 1793 furent vraiment incroyables. De singuliers subterfuges étaient mis en pratique par les autorités locales, malgré les menaces suspendues sur leur tête par l'effet des lois et des décrets de la Convention.

---

seille la situation, dans le département de la Drôme, du recrutement, « principal « objet de leur mission », et ils insistent sur la nécessité de l'habillement, de l'équipement et de l'armement (*Mêmes archives*, L 56₂).

1. *Archives départementales de la Drôme*, L 56₂.
2. *Ibid.*

Rendant compte de sa mission à Allex (Drôme), Vaugrand [1] déclara que trois jours lui avaient été nécessaires pour

1. C'est un membre de la maison Crozat de Vaugrand, ayant produit des juris-consultes et des officiers et à qui les généalogistes et les biographes locaux ont consacré des notices. Il doit s'agir de l'un des frères du maréchal de camp de ce nom. Le château de Crozat (Ardèche), appartient actuellement à la famille du Bay, représentant l'une des branches. Cf. BONNARDON, *Les Voix du cœur*, p. 143, etc.

« concilier les citoyens de cette commune qui étaient disposés
« à concourir au recrutement, d'après le mot égalité qui,
« disaient-ils, ne reconnaissait pas d'exemption ». Il put
cependant emmener avec lui à Crest[1] les huit hommes à
fournir par Allex, grâce à une souscription locale ayant pro-
curé 3oo livres à chacun de ceux qui se présentèrent volontai-
rement (22 mars 1793). Une mesure analogue permit de
recruter à Crest six hommes destinés à remplacer pareil
nombre de ceux qui avaient été présentés par cette commune
et qui étaient impropres au service. Sur cinq recrues adressées
par Gigors, trois n'avaient « ni la taille, ni la conformation
propre à défendre la patrie » et cette commune refusait de
fournir des remplaçants. Par contre, des Ardéchois, absolument libres de tout engagement, rejoignirent les bataillons de
la Drôme, munis d'un certificat visé par Carteaux « adjudant-
« général, commissaire supérieur du conceil exécutiffe »[2],
selon l'orthographe adoptée par lui-même. Claude Payan[3],
commissaire du département à Die, estimait que « le peuple
« de ce district est patriote, mais il est peu instruit, quelques
« malveillans (sic) répandant sans cesse de fausses nouvelles
« ou dénaturant tous les événemens » (24 mars). Le recours
aux souscriptions pour « assurer un sort » aux volontaires, fut
presque général dans la Drôme.

Carteaux ne quitta pas Tournon pour faciliter par sa présence le recrutement dans les localités où il présentait le plus
de difficultés. Il donnait ses soins à des cartons qu'il avait de-
mandés au directoire du département de la Drôme et c'est à
Valence qu'étaient imprimés les documents nécessaires à assurer son service (24 mars). Se trouvant à Montélimar, l'équitable
Dours l'aîné réclamait pour les jeunes gens enrôlés le paiement de leur solde, que la plupart sollicitaient (25 mars).

1. Constatons le dévouement du procureur-syndic du district de Crest, Barnave
Son prénom était Michel et il était cousin du célèbre constituant.

2. Même orthographe à relever dans une autre lettre, cette fois entièrement autographe.

3. Le futur ami de Robespierre. Il fut, au mois de juillet 1793, l'un des plus
violents antagonistes du fédéralisme.

Signalons d'autres raisons des défaillances. Certaines recrues des environs de Romans avaient regagné leurs foyers à cause de leur « répugnance d'entrer dans la légion des Allobroges » et déclarèrent être prêtes à être « incorporées dans un autre corps » (mai)[1].

Sans doute satisfait de lui-même, le 18 mai 1793, Carteaux prévint les corps intéressés, du transfert à Grenoble de son bureau central à dater du 22 mai, « les intérêts de la Républi-« que et les biens du service exigeant ce changement »[2]. Dès le 3 mai, il avait lancé une nouvelle circulaire aux administrateurs du directoire des districts de la Drôme, relative à la mise en route des volontaires et à la cessation des traitements et indemnités, attribués aux divers commissaires, agents militaires et autres, employés dans l'opération du recrutement, pour se servir des propres termes de ce document[3].

Les plaintes formulées par les officiers compétents ayant été unanimes, de nouvelles *instructions pour les commissaires supérieurs du recrutement des armées des Côtes, des Pyrénées, du Var et des Alpes,* avaient été, le 3 mai 1793, données par le ministre de la guerre Bouchotte, et transmises par François, adjoint du ministre pour la 5ᵉ division, dès le lendemain. L'attention était appelée principalement sur l'habillement et l'équipement des volontaires, sur la fixation de chaque bataillon, au pied de 750 hommes, non compris les officiers, et sur l'admission dans leurs rangs des troupes de ligne et des gardes nationales[4]. Contrairement à une légende, conservée par les meilleurs esprits[5], Carteaux ne fit pas preuve du moindre entrain dans l'exercice de ses fonctions à Tournon. Seules la gravité du péril et les influences politiques firent songer à lui.

---

1. Un volontaire de Cornillac (Drôme) s'était vu promettre 48 livres lors de son engagement, par la commune. Il avait reçu 15 livres et il réclamait encore son dû quatorze mois après (Besançon, 22 avril).

Celui qui tirait au sort, choisissait au hasard un billet parmi ceux déposés dans un chapeau, et les billets noirs indiquaient les recrues.

2. *Archives départementales de la Drôme*, L 56₂.

3. In-f⁰, s. l. n. n.

4. In-f⁰, s. l. n. n.

5. Iung, *Bonaparte et son temps*, t. II, p. 345.

Il lui fut enjoint, le 1ᵉʳ juillet, de se transporter à Valence pour empêcher « la jonction de tout rassemblement de troupes et « notamment de la colonne Marseillaise avec celle de Lyon ». Il était mis à sa disposition la légion Allobroge, le 3ᵉ bataillon des Basses-Alpes[1], le 1ᵉʳ bataillon du 59ᵉ régiment d'infanterie et toutes les gardes nationales des départements environnants[2].

Les représentants du peuple, Dubois-Crancé, Albitte et Gauthier conférèrent les pouvoirs les plus étendus à Carteaux[3], avec la charge de « boucher le passage sur les deux rives du « Rhône en occupant le château du Pont-Saint-Esprit et le « poste d'Aramon ». En notifiant le but de sa mission au directoire du département de la Drôme, ce général aurait annoncé, pour le 6 juillet à midi, son arrivée à Valence où sa lettre était parvenue le 2 juillet. Son exactitude aurait été toute militaire. Voilà les données fournies par les écrivains réputés et tenus pour exacts jusqu'à ce jour.

Cette tradition est entièrement fausse. Il est facile d'en ruiner la base. Le 5 juillet à dix heures du matin, à la séance publique du conseil du département de la Drôme, se présenta le citoyen Carteaux, général de brigade de l'armée des Alpes. Il déposa sur le bureau l'ordre du citoyen Létenduer, général de brigade, commandant provisoire de l'armée des Alpes, lui enjoignant de se rendre à Valence pour s'opposer à tout rassemblement illégal de troupes et notamment à la jonction de la colonne marseillaise avec celle de Lyon. En présence d'Albitte, représentant du peuple, envoyé près l'armée des Alpes, le procureur général syndic insista sur le concours assuré de

1. Le général divisionnaire d'Albignac annonça de Grenoble, le 4 mai 1793, l'envoi à Romans, pour y tenir garnison, du 4ᵉ bataillon des volontaires nationaux des Basses-Alpes. Le 12 juin, le général de division Dornac prévint les administrateurs de la Drôme que le 1ᵉʳ bataillon des Côtes-Maritimes partirait de Valence de manière à être arrivé le 24 à Pierrelatte pour rejoindre l'armée des Pyrénées en temps voulu. Le bataillon des Basses-Alpes était laissé dans la région voisine de celle de sa constitution à cause de son bon esprit militaire, tandis que l'autre bataillon était affecté à une armée lointaine à raison de son manque d'énergie (*Archives départementales de la Drôme*, L 56₂).

2. *Courrier d'Avignon*, p. 672, etc., etc.

3. L'ouvrage du Dʳ Laval, déjà cité, renferme des renseignements inédits sur Carteaux. Cf. aussi DE COSTON, *Biographie des premières années*, etc., t. I, p. 249.

l'administration du département et communiqua les arrêtés conformes déjà pris par cette administration. Depuis la réunion des quarante-deux sociétés populaires à Valence (24-26 juin), les délégués de ces sociétés avaient compris la « nécessité « d'anéantir la horde des conspirateurs qui s'occupe de faire « insurger les départements contre la Convention Nationale ». Après s'être prononcée pour la Convention, l'administration précédente avait pris les 2 et 3 juillet précédents des arrêtés propres à détruire la rébellion du district de l'Ouvèze. Le 2 juillet, lui était parvenue en effet une lettre de Carteaux, avant 10 heures du matin, datée de Grenoble du 1er et tendant à assurer le succès de la mission qui lui était confiée. Son arrivée pour le 6 juillet à midi n'était pas du tout annoncée[1]. Cette fantaisie historique est détruite sans peine.

Le 3 juillet, la même administration décida de dépêcher à Carteaux « général de brigade de l'armée des Alpes, commis- « saire supérieur du conseil exécutif », un courrier extraordi- naire pour le prévenir des nouveaux troubles venant de se manifester dans le district de l'Ouvèze.

La délibération du 5 juillet prouve que la masse des habi- tants du sud du département de la Drôme était hostile aux rebelles du Midi. Albitte insista sur « l'horreur » de la con- duite de ces derniers. Le conseil décida la transcription, sur le registre de ses délibérations, de l'ordre du général Létenduer, signé le 1er juillet, et de la réquisition conforme des repré- sentants du peuple près l'armée des Alpes. Les commissaires du département, désignés le 8, étaient invités à surveiller plus spécialement les lettres émanées des rebelles du Midi et prin- cipalement de ceux de Lyon et de Marseille. D'une manière générale, le conseil s'engageait à veiller à l'exécution de tous les ordres et des réquisitions, prises par Albitte et par Carteaux.

Antoine-Auguste Desherbiers Létenduer, général de brigade, commandant provisoire de l'armée des Alpes, mettait bien à la disposition de Carteaux, la Légion allobroge, le 3e bataillon

---

1. Il ne parut pas à la séance du 4 juillet, tenue à 9 heures du matin.

des Basses-Alpes et le 1ᵉʳ bataillon du 59ᵉ régiment d'infanterie, un adjudant-général chef de bataillon et deux adjoints
pour former son état-major. Carteaux avait en outre à sa disposition toute l'artillerie, les munitions de guerre et de bou-
che et les effets de campement se trouvant soit à l'arsenal de
Valence soit dans les magasins de cette ville. Toutes les gardes nationales des départements à sa portée étaient tenues
d'obéir à ses ordres. Un arrêté des représentants Dubois-
Crancé, Albitte et Gauthier, pris le 1ᵉʳ juillet, complétait l'ordre
de Létenduer en recommandant à Carteaux d'occuper le château de Pont-Saint-Esprit et le poste d'Aramon.

Une nouvelle séance eut lieu à 5 heures du soir. Lors de
son passage à Romans, Carteaux avait requis la commune de
Romans et celle du Bourg-de-l'Unité de faire partir pour
Valence « le plus de gardes nationales » possible. Par une
lettre du 4 juillet, le directoire du district de Romans demandait si la réquisition devait être étendue aux communes de son
ressort, dans un moment où les citoyens sont occupés aux
moissons. Cette pétition fut renvoyée à Carteaux.

Le lendemain (6 juillet), à 10 heures du matin, il fut décidé
de lui communiquer, ainsi qu'à Albitte, toutes les dépêches
relatives au progrès de la rébellion dans le Midi. Le même jour,
à 3 heures du soir, diverses mesures furent prises contre
cette rébellion et contre les bruits calomnieux répandus à
l'égard de la Légion allobroge. Le 7 juillet, les troupes à la
disposition de Carteaux se trouvant réunies à Valence, étaient
évaluées officiellement à 6.000 hommes[1]. Le soir de cette
même journée, le Conseil[2] prit connaissance notamment d'une
lettre du citoyen Dours l'aîné, commissaire du département,
nommé aux lieu et place du citoyen Moral[3] pour la répression

---

1. Pour la formation de l'armée de Carteaux à Valence, cf. KREBS et MORIS, Op. c.,
t. I, p. 192.

2. Parmi ses membres, se trouvait Caudeiron, et nous rencontrerons ce nom plus
loin.

3. Officier de santé, il mourut à Montélimar, le 19 floréal an X, à l'âge de
soixante-huit ans, laissant une veuve Cécile Ragoussin. Mathieu Moral, dernier du
nom, d'une ancienne famille locale, ayant fourni plusieurs apothicaires, fut administrateur du district de sa ville natale et membre du Comité de surveillance de cette

des troubles dans le district de l'Ouvèze. Le procès-verbal de la séance du 8 prouve que Dours remplissait ses nouvelles fonctions et ne se trouvait plus à Montélimar. Albitte et Carteaux furent présents à cette séance.

Diverses décisions, trop longues à narrer par le menu, furent concertées pour assurer le succès de la mission de Carteaux, mais les secrétaires commis de toutes les administrations publiques du département furent exemptés de la réquisition de ce général, relative aux gardes nationales (9 juillet). Le 13 juillet, les volontaires de deux compagnies de la Drôme, se trouvant à Valence, furent mis à la disposition de Carteaux et le 14, après avoir pris connaissance d'une lettre de ce dernier, écrite le 12, du camp de la Palud, le conseil ajouta à ces forces les gardes nationales de Valence, Romans et du Bourg-de-l'Unité[1]. A ce moment-là parvint une autre lettre écrite par le même officier de la Palud, à la date du 13, apportée par un courrier extraordinaire et demandant le concours de toutes les gardes nationales du département en état de porter les armes, estimées à 40.000 ou 50.000. Le conseil décida de demander des explications à Carteaux au sujet de l'importance de ces troupes[2] et autorisa les deux compagnies de la Drôme, mises aux ordres de Carteaux, à Montélimar, à se donner un commandant provisoire en présence de Boveron-Pontignac, chef de légion (14 juillet)[3], etc., etc. Tels sont dans leur ensemble, les rapports entretenus par Carteaux avec le directoire de ce département[4].

ville (22 octobre 1793). La boutique d'apothicaire était sise sur la place aux Herbes, dans la maison paternelle, vers le milieu de cette place et au couchant. La pharmacie Arsac, malheureusement fermée (1909), lui avait succédé médiatement. La famille Moral s'est fondue dans les familles Andrau-Moral et Odouard et l'établissement créé par l'un de ses membres a duré environ deux siècles.

1. Bourg-de-Péage.

2. Le 15 juillet, à Pont-Saint-Esprit, Carteaux réduisit la réquisition à 10.000 hommes et la transforma en réquisition permanente.

3. Le rôle de Claude Boveron de Pontignac, ancien capitaine au régiment de Barrois, pendant la Révolution était inconnu. Nous avons déjà mentionné ce personnage plus haut.

4. *Arrêtés et procès-verbaux du département de la Drôme*, f°s 96 et s. (*Archives départementales de la Drôme*, L 44).

Pour la clarté du récit, revenons en arrière. Conformément aux pouvoirs qui lui avaient été accordés, Carteaux choisit à Valence, pour l'un de ses adjoints, le 6 juillet, Alméras, adjudant-major du 5ᵉ régiment de l'Isère, à raison « de ses talents et de son patriotisme et de son zèle »[1]. La lettre de service attribue à ce général la qualité d'adjudant-général, chef de brigade. Il fit suivre sa signature des mots « général de brigad (*sic*), de l'armée des Alpes ». Son cachet avait alors pour légendes : COMMANDANT DE L'ARMÉE DES ALPES A VALENCE, autour de la République avec ses attributs, et à l'exergue : RÉPUBLIQUE FRANÇAISE[2]. La formule *Commandant de l'armée des Alpes à Valence* a sa valeur; elle prouve que l'on ne comptait guère pouvoir s'opposer par l'offensive à la marche des Marseillais. A ce moment-là, notre général était simplement général à titre provisoire. Quel titre eût-il donc pris s'il avait été titularisé[3]?

Le lendemain, Carteaux dressa une réquisition portant sur 800 hommes « pour s'opposer au passage des Marseillois » et la ville de Romans fut taxée à 300 hommes (7 juillet).

La demande du 7 juillet lui paraissant insuffisante, il rédigea le lendemain une lettre, adressée aux citoyens membres composant le directoire du district de Romans :

Citoyens,

Vous m'avés offert à mon passage huit cent hommes pour marcher avec moi contre les rebelles marseillais. Je vous requiers, au nom de la loi, de les faire partir sur le champ pour se rendre auprès de moi à Valence sous les ordres du citoyen Talin, mon ancien com-

---

1. La bravoure d'Alméras était quelque peu légendaire. A la prise d'Aoste (1794), il mit en fuite 1.500 Piémontais avec 200 hommes (*Les Armées françaises*, etc., p. 84). Ce petit volume, destiné aux colporteurs, mentionne également Championnet et deux autres Drômois, François Pie et Martin Vinay.

2. On lit bien FRANÇAISE et non FRANÇOISE. C'est la seule empreinte connue actuellement de ce curieux cachet dauphinois. Alméras fut agréé le 10 août suivant par Charles Saint-Rémy, général de division, chef de l'état-major de l'armée des Alpes, d'après la mention autographe mise par ce dernier au-dessous de la signature de Carteaux sur le brevet de la nomination d'Alméras. Sa biographie a été insérée par Rochas dans la *Biographie du Dauphiné* et elle se retrouve dans les travaux d'une foule d'auteurs.

3. Mes Archives.

missaire supléant[1]. J'espère que vous voudrés bien remettre à ces braves défenseurs de la liberté la quantité de fusils et exactement touttes les munitions de guerres qui se trouveront en votre pouvoir ; armés-les de piques, de faux, etc., en un mot, usons de toutes les ressources que nous pouvons encore avoir.

Je compte trop sur votre zèle et votre exactitude pour qu'aussitôt la présente lettre reçue vous vous empressiés de satisfaire à mes désirs qui ne tendent qu'à sauver la république.

Le général de brigade près l'armée des Alpes,
commandant d'armes, à Valence,

CARTEAUX.

Valence, le 8 juillet 1793, l'an 2 de la république française[2].

Lorsque les représentants du peuple ordonnèrent, de Marseille, une levée de 800 hommes dans le département de la Drôme (fin août), les administrateurs du directoire des districts de Montélimar et de Romans ne tardèrent pas à témoigner leur embarras. Au début du mois suivant, les opérations de la mise en réquisition permanente de 10.000 hommes dans ce département en vertu des ordres donnés par Carteaux au mois de juillet n'étaient pas encore terminées[3] !

1. Une lettre du district de cette ville témoigna ses regrets de l'éloignement temporaire de ce citoyen jouissant de la confiance générale des communes. Ce détail de sa vie n'était pas connu. Cf. CHUQUET, *La Jeunesse de Napoléon*, t. III, p. 302.

2. *Archives départementales de la Drôme*, L 56₄.

3. Le 4 mars 1793, le directoire du département nomma mon cousin de Craponne du Villard, à Nyons, pour suivre dans le district de l'Ouvèze les opérations relatives à la levée prescrite par le décret de la Convention du 24 février précédent. Il accepta ces fonctions et le procureur-syndic le remercia de son zèle. Dans ce dossier figurent des documents relatifs aux commissaires ordonnateurs des guerres Pavin de Fontenay, de Sucy, etc., ou émanés d'eux, et en outre une lettre de P. Monier, de Tain, relative à son commerce (5 mars 1793). Monier est le père du sénateur Monier de la Sizeranne.

Pavin de Fontenay (Jean-Jacques), né à Mélas (1732), avait été nommé commissaire des guerres en 1757. Il figura dans les rangs de la noblesse aux États généraux du Vivarais (1789), et la fermeté de ses principes lui attira une dénonciation à l'Assemblée Nationale (1791). Cependant, au milieu de l'année suivante (1792), il fut promu commissaire ordinaire et grand juge militaire de l'armée du Midi, des Pyrénées à Lyon. La suite de sa carrière n'était pas connue (PERROSSIER. *Lettres adressées par Achard de Germane*, etc., p. 125-6, 193). Il épousa Mlle Hébrard de la Valonne, fille du commissaire des guerres, à Montélimar, propriétaire de la maison

Carteaux fit battre le rappel à Valence, le 9 juillet, à minuit, et partit immédiatement, disent les auteurs. Tout en passant d'une traite de Valence à Ollioules, signalons un incident survenu dans la Drôme. En traversant Montélimar, le payeur, à la suite de l'armée du général Carteaux, avec l'autorisation du payeur général de l'armée des Alpes, requit le receveur du district, C. Autran, de lui prêter 34.000 livres. Le 5 août, les formalités de régularisation n'étaient pas encore terminées et ce dernier fonctionnaire ne dissimulait pas son mécontentement[1].

Narrons enfin de nouveaux faits inédits relatifs aux bataillons de la Drôme, à l'époque contemporaine du siège de Toulon, sans cependant épuiser la matière. Alexandre-Antoine Romieu, membre du directoire du département, se prononça contre la Convention après les événements des 31 mai-2 juin 1793 et il fut destitué par Boisset le 4 septembre suivant. Les biographes avancent qu'il chercha un refuge dans l'armée et qu'il s'engagea le 14 octobre[2]. La vérité est beaucoup plus dramatique. Arrêté à Arles, le 21 septembre, il fut emprisonné dans cette ville et qualifié « scélérat »[3].

Une feuille de route lui fut délivrée, le 28 septembre, pour aller rejoindre le 8e bataillon de la Drôme et pour partir de Nyons, le 4 octobre, conformément aux instructions du représentant du peuple Boisset, aux termes de la lettre du 23 septembre et datée de Die :

« Citoyen, un moment d'erreur a pu vous attirer toute la « sévérité des lois, mais on ne peut pas priver la patrie d'un « deffenseur. Volés aux champs de la victoire. C'est là que « vous fairés oublier le mal momentané que vous avés fait

appartenant aux miens. Il ne dut pas accepter les fonctions de grand-juge, puisqu'il était encore commissaire ordonnateur au commencement de l'année 1793. Cet important personnage a été oublié par les biographes locaux, et d'après un mémoire judiciaire m'appartenant, il est mort en l'an III, hors de Montélimar, car l'état civil ne contient pas ce décès.

1. *Archives départementales de la Drôme*, L 56₂.
2. Rochas, *Op. c.*, t. II, p. 360. Brun-Durand, *Dict.*, etc., t. II, p. 324-6.
3. *Courrier d'Avignon*, p. 780.

« à la République. Elle attend de vous un service qui vous
« reconciliera avec Elle. Partés, allés joindre celui des ba-
« taillons de la Drôme qui vous conviendra. Je vous y autorise
« bien volontiers, et je pense que vous me mettrés à même de
« réparer la sévérité que j'ai été contraint d'employer envers
« vous. Partés et revenant vainqueur dans vos foyers, il vous
« sera facile de recouvrer l'estime de vos concitoyens et les
« bienfaits de la patrie. » Romieu devint général de brigade
et fut le père du fameux vaudevilliste Romieu [1].

A la date du 21 septembre 1793, nous trouvons un état des
citoyens « qui se sont fait enregistrer pour former le complé-
« ment de la levée de 30.000 hommes de cavalerie dans toute
« la République et ce qui sont devenus ». Ce document s'applique uniquement au district de Valence, les autres tableaux
analogues ayant disparu. Dans le paragraphe concernant les
« volontaires contre Toulon », au nombre de quinze, figurent
les noms de Charles-Louis Coston, de Valence ; Hilaire-Marcel
Deloche, de Tain, etc., etc. [2] Le premier d'entre eux est le père
du biographe de Napoléon Ier et le grand-père de l'historien
de Montélimar. Lieutenant-colonel du régiment provincial de
Grenoble-artillerie en 1790, il s'engagea comme simple cava-
lier en 1793, à l'âge de cinquante-deux ans. Quoique muni de
sa feuille de route, il fut arrêté à Saint-Paul-Trois-Châteaux,
avec le Dr Caudeiron, comme suspect et dépourvu de passeport et il fut incarcéré en ce lieu. La requête de sa femme,
examinée le 28 octobre, lui fit rendre la liberté sous la condi-
tion de se retirer à Valence! Il mourut à l'âge de quatre-vingt-
quinze ans huit mois (1741-1837) [3].

Le *Courrier d'Avignon* (30 octobre 1793) rendit hommage
à la vaillance et au patriotisme des bataillons de la Drôme,
dont plusieurs venaient de traverser Avignon, et le chroni-
queur ajoutait que les Dauphinois se montreront dignes de

---

1. *Archives départementales de la Drôme*, L 56₂.
2. *Mêmes archives*, L 56₂.
3. Renseignements dus à son arrière-petit-fils, M. Adhémar, baron de Coston. —
Cf. GARNODIER, *Recherches archéologiques sur Saint-Romain-de-Lerp*, etc., p. 335.

leur réputation. D'un autre côté, les canonniers du 6ᵉ bataillon de la Drôme faisaient merveille à l'armée de Sambre-et-Meuse et Condé passait pour avoir été tué d'un coup de canon tiré par eux [1]. Le chef de brigade, de qui dépendait ce bataillon, était d'ailleurs Championnet [2]. Ces quelques lignes modifieront certainement l'opinion des lecteurs du présent chapitre à l'égard des soldats d'origine drômoise. Malgré les souffrances endurées et en dépit de multiples actes regrettables, leur attitude fut bien meilleure que la conduite de nombreux autres bataillons [3].

Enfin, l'énergie du maire et de la municipalité de Montélimar à l'égard du mouvement fédéraliste mérite un souvenir. Dès la réception d'un premier avis, des sentiments d'hostilité contre les Marseillais éclatèrent immédiatement et l'on songea à les traiter comme des rebelles. Le maire, Salamon, l'irascible Salamon [4], convoqua d'urgence, le 9 juillet, les autorités constituées et les chefs de la légion Allobroge se trouvant en garnison à Montélimar pour « s'environer de leurs lumières » [5]. Le conseil municipal décida à l'unanimité que les portes de la ville seraient fermées à l'armée marseillaise et que « cette ville, « fût-elle réduite au seul courage de ses habitans, s'ensevelira « sous ses murs plutôt que d'en permettre l'accès aux ennemis « de la Convention ». La seconde motion votée portait « que « le général Carteaux sera invité à faire marcher sur le champ, « contre les rebelles, les troupes dont il a le commandement « et d'agréer l'ofre (*sic*) que font tous les citoyens de Montéli- « mar de se joindre à elles, pour écraser les batards phocéens « qui souillent l'origine dont ils se prétendent issus ». Les chefs de la légion Allobroge, de la garde nationale et de la gendarmerie, les nombreux citoyens présents applaudirent à

1. Fausse nouvelle.
2. *Ibid.*, nᵒ du 6 frimaire an II.
3. D'une manière générale, cf. *Souvenirs intimes d'un volontaire de 1791. Le 2ᵉ bataillon de volontaires de la Drôme*, etc., *passim*.
4. Le futur maire de Lyon.
5. La légion Allobroge était donc déjà installée à Montélimar, lorsque Carteaux quitta Grenoble. Cette note rectifie les dires de tous les auteurs.

cette délibération et crièrent, aux armes[1]! Ces sentiments
n'étaient pas superficiels, car plusieurs Montiliens s'engagèrent
dans l'armée de Carteaux, lors de son passage (11 juillet).

La nature des éléments constitutifs de l'armée marseillaise
et l'infériorité du commandement[2] permettaient d'en prévoir
l'effondrement à brève échéance, au premier contact pris avec
les troupes régulières. Eût-elle eu d'ailleurs le bénéfice d'une
cohésion absolue, que ses efforts seraient venus se briser
contre le rempart inexpugnable, formé par les populations
républicaines du département de la Drôme, au-dessus de Pierrelatte[3].

VII

Les éléments font défaut pour discerner dans les environs
de Toulon les vieux chemins seigneuriaux d'avec les vieux
chemins voisinaux, destinés à faire communiquer entre eux
les villages voisins les uns des autres. Quatre anciens chemins
traversaient, il y a cent vingt-cinq ans, le territoire de Sanary.
C'étaient ceux de Bandol à Ollioules, de Bandol à Toulon, de
Bandol à Sanary et d'Ollioules à Sanary. C'étaient là les principales voies suivies le plus ordinairement, sans compter divers chemins de traverse ou non.

D'après un document du dix-septième siècle, faisant partie
des archives de La Cadière, l'ancien chemin de Marseille à
Toulon par le littoral passait à Tauroentum (Les Lèques)[4] et
à Poutié, d'où une bifurcation sur Saint-Nazaire par Val-Lon-
gue, laquelle longeait la plage *dels Runcels* et aboutissait
en fin de compte dans le voisinage des Embiez[5]. Selon un

1. *Registre des délibérations*, f°s 37 et s.
2. *Ibid.*, f° 42. C'est à Montélimar que Carteaux aurait rappelé à l'activité Dours
l'aîné (le futur général Dours), commissaire aux levées de cette ville pendant un
certain temps, mais se trouvant alors dans le district de l'Ouvèze. Cf. l'ouvrage si
documenté du Dr LAVAL, déjà cité, p. 72. Le *Dictionnaire* de Robinet donne à tort
la date du 6 juillet à ce fait.
3. Pour l'histoire du fédéralisme dans l'Isère, cf. PRUDHOMME, *Le Fédéralisme dans
l'Isère et Français de Nantes* (juin-juillet 1793).
4. Près de Saint-Cyr.
5. GIRAUD, *Dict. top. et Rép. archéologique du canton du Beausset*, p. 35 et
146.

texte que j'ai publié ailleurs, on doit rectifier *dels Runcels* en *dels Rausels* [1]. D'une manière générale, entre Bandol et Toulon, se voyaient à peu près partout, à la fin de l'ancien régime, de vieux chemins longeant la mer ou passant à sa proximité, en médiocre état, mais parfaitement accessibles à l'infanterie.

L'autorité militaire possédait des documents de premier ordre d'origines diverses et dont l'étude était indispensable aussi bien pour la défense de Toulon que pour l'attaque de cette ville. Malheureusement, ils étaient restés entre les mains d'officiers ayant acclamé Louis XVII. C'est ainsi qu'à la suite des événements de 1707, le plan des fortifications de la rade du Brusc avait été levé par Mazein, ingénieur du Roi (1709). L'année suivante, le comte de Grignan avait fait dresser le plan de la situation des côtes aux abords de Sanary par Dumas, ingénieur (1710). Le plus rare relevé de cette région, qui ait été établi au dix-neuvième siècle, est celui de l'année 1866. L'exemplaire déposé dans une grande bibliothèque de la région, y a été volé, comme celui du plan de 1842 [2].

Selon le registre des sépultures, un mendiant mourut en 1710 au logis de Mc Deprat, sis sur le grand chemin de Bandol à Toulon [3], quelque peu primitif, malgré son nom et existant depuis un temps immémorial. Pour une fois, nous refuserons créance entière à des textes, car ils mentionnent la « construction » du chemin de Bandol à Toulon (1741). Il s'agissait, en réalité, non d'une « construction », mais d'un élargissement notable. Un autre grand chemin était le chemin allant de Bandol à Ollioules par le quartier d'Aran, à 2[k] 500 environ de Sanary. Il est qualifié également l'ancien chemin de

---

1. R. V. G. *Notes hist. sur Sanary* (*Var*).

2. On peut consulter, à la mairie de Sanary, le *Plan des rades du Brusc, de Bandol et du port de Saint-Nazaire, levé en 1839 et dressé en 1842,* etc. Ce plan est imprimé. Les mêmes archives conservent un carte manuscrite du port de Saint-Nazaire et de la rade du Brusc.

Le plan de 1842 est l'œuvre de Bourguignon, Duperré, Béjat, Licusson et Delamarche. Il contient une courte notice sur le port de Saint-Nazaire, dont une partie fut creusée à 5 mètres.

3. Noyon, dans la *Statistique,* etc., cite de son côté le vieux chemin de Bandol à Toulon.

Bandol. La Buege, longue de 568 mètres, constitue une véritable annexe du chemin de grande communication n° 11 d'Ollioules à Saint-Nazaire. Prenant naissance au point dit le Pas-du-Puget, elle tend vers le nord et elle aboutit au chemin de Saint-Roch, du nom d'une chapelle de ce nom, d'aspect singulier, remontant au moins en partie au dix-septième siècle et entièrement rétablie en 1819. Le chemin de la Gorguette est bien antérieur à 1753 et le chemin de Bandol à Toulon fut réparé en 1701. Des améliorations furent apportées au chemin d'Ollioules aux abords du Pas-du-Puget, dès 1700 et notamment en 1749, pour ne citer que les principales. Cette dernière dénomination, aujourd'hui à peu près disparue, avait une telle vogue, que le chemin d'Ollioules était appelé à l'occasion le « chemin qui passe au Pas-du-Puget ». En provençal *Puget* désigne un monticule et *Gorguette* est synonyme d'étroite vallée, de défilé, de gorge [1].

Quelques mots sur le chemin de Reynier et sur la batterie de la Plage qu'il longeait sont indispensables. D'après le précis transcrit en 1823, la commune de Sanary possédait au bord de la mer un terrain dit La Plage, limité par la Reppe. Les habitants allaient s'y promener et les courses de chevaux avaient lieu là les jours de fêtes. La partie la plus éloignée renfermait des fosses servant à détremper la chaux, et l'usage le plus habituel de la Plage était de servir d'étendage pour les filets. Le chemin de Reynier la bordait d'un côté et de l'autre les flots y déposaient du sable et des cailloux. Les pêcheurs teignaient leurs filets dans un bâtiment contigu appartenant aux hoirs Estienne et tout le quartier prit de là le nom de Tignidou. La possession de diverses parcelles de ce terrain suscita un long procès engagé par la commune [2].

---

1. Par actes reçus Me Reboul, notaire (1817), Deluy, recteur de la succursale de Saint-Nazaire, acquit des mariés Cadet de Fontenay-Pivot les « emplacements et restes » des chapelles Saint-Roch et N.-D.-de-Bonrepos et les livra au culte. La première ne tarda pas à être entièrement réparée (1819) (*Archives de Sanary*, D₃).

2. Il fut question en 1792 d'effectuer des réparations au port de Sanary et à la plage du Brusc (P. V. *de l'assemblée administrative du district de Toulon*, etc.). La plage de Sanary fut passée sous silence.

La rue de la Plage existe toujours; elle est prolongée par le boulevard des Bains, de création moderne.

L'installation de la batterie de la Cride est peu antérieure à 1695[1]. Cette même année, elle fut mise en état par ordre du maréchal de Tourville, venu en personne pour étudier la valeur stratégique du littoral[2]. Des mortiers, des canons et de la poudre y furent portés immédiatement. Le traitement du garde incomba à la communauté. Après avoir été supprimé d'une façon intempestive il y a une trentaine d'années, cet important poste est rétabli en ce moment (1913) et muni de tous les perfectionnements dus à la science moderne.

La destinée de la batterie de la Plage, non mentionnée par les auteurs, a été tout autre. Elle a dû être la première construite autour de la rade et l'accroissement de la population de Sanary entraîna la constitution d'autres batteries sises à une plus grande proximité de la haute mer. En 1746, les canons qui se trouvaient à la batterie de la Plage furent transportés à celle de Portissol[3]. Le 2 prairial an III, le sol et les briques de la première de ces batteries furent charriés à la dernière par ordre de Barraud, ingénieur à Toulon[4]. A notre époque, le promeneur aperçoit une borne, disposée en face de la villa Boyer et presque vis-à-vis le boulevard de l'Avenir, sans se douter que là se trouvait autrefois une batterie. Le lieutenant-général de Thomond ou de Thomon visita en personne les batteries de la Cride et de Portissol (1758)[5].

Dès la fin de l'année 1790, Bernard et Beaumont, l'un des ingénieurs de la ci-devant Provence, furent chargés de dresser le tableau des routes et d'étudier les améliorations les plus urgentes. Furent décidées des réparations à effectuer en 1791

---

1. Pour citer encore un nom, rappelons que Vollaire, dessinateur à Toulou, fit la carte topographique du port de Sanary (1757).

2. *Registre des délibérations, passim.*

3. La batterie de Portissol était, au dix-huitième siècle, considérée comme indispensable pour la sûreté de Sanary.

4. Le prix fait du môle fut donné en 1654 (*Archives de Sanary*, L₁). Il doit s'agir du môle, appelé de nos jours le vieux môle.

5. Le registre des délibérations le qualifie maréchal. D'après les ouvrages relatifs à cette époque, que j'ai pu consulter, il était lieutenant général.

au chemin de Saint-Nazaire à Ollioules et à une partie du chemin de Toulon à Six-Fours, Saint-Nazaire et La Seyne. Depuis plusieurs années, le chemin de Saint-Nazaire à Ollioules était « absolument impraticable »[1].

Un lettre du vice-président du district de Toulon annonça la reconnaissance de l'état de ces chemins (9 juin 1792). Avant 1791, la Reppe avait causé de graves dégâts au grand chemin d'Ollioules. Coulomb fut déclaré adjudicataire des travaux. La muraille du Pas-du-Puget fut rebâtie. 2.119 toises du chemin de grande communication d'Ollioules à Saint-Nazaire, 94 toises du chemin de Toulon à La Seyne et 1.680 toises de la portion de la route de Toulon à Ollioules comprise entre la Porte de France et la Route Neuve furent remises en état[2].

Le chemin de Saint-Nazaire à Bandol par la Gorguette avait été créé en 1610. Saint-Nazaire était alors dépourvu de port, tandis que les documents citent le port de Bandol dépendant de la communauté de La Cadière. Dès le règne de Henri IV, de grands progrès avaient été accomplis en Provence, en matière de viabilité.

D'une manière générale, en l'an X, Fauchet signalait l'état lamentable des routes[3]. Cette fâcheuse situation dérivait à la fois d'un défaut d'entretien à ce moment-là et de la mauvaise qualité des pierres employées antérieurement pour l'empierrement.

De graves critiques ont été élevées contre les conceptions stratégiques de Carteaux, avec apparence de raison. La question au point de vue topographique n'avait pas encore été traitée, faute d'indications, que seuls des séjours prolongés à Sanary m'ont permis de recueillir. Au cours du dix-neuvième siècle, la configuration de la viabilité aux abords de Toulon a subi de telles modifications par des créations de voies et par des améliorations (élargissements et rectifications), que l'œil

1. *Archives de Sanary*, D₄ et FF.
2. *Procès-verbal de l'assemblée administrative du district de Toulon*, etc. p. 13-14.
3. *Stat. du dép. du Var*, passim.

le plus exercé aurait de la peine à les reconnaître par le seul examen du terrain.

Malgré l'extrême obligeance de M. Mary-Lasserre [1] et en dépit de la classification des archives de sa ville natale par le jeune Henri Flotte, c'est à grand'peine que j'ai pu glaner çà et là des données à la fois certaines et inédites. Leur étude démontre aisément que si Carteaux, dès son arrivée dans le département du Var par l'ancienne route royale, avait fait gagner à ses troupes les chemins du littoral dans la direction de La Seyne, il eût évité de perdre des jours précieux au défilé d'Ollioules et de sacrifier des existences si utiles à la patrie. Le siège de Toulon eût pu être commencé plus tôt et qui sait si la ville rebelle à la Convention n'aurait pas été reprise à bref délai.

L'ensemble des documents actuellement connus et l'inspection des lieux permettent d'admettre ces conclusions. L'objection, que l'on pourrait tirer de l'impossibilité de faire circuler des convois sur des chemins en médiocre état et d'une valeur inférieure à celle de la route ci-devant royale, est anéantie si l'on songe que la plus grande partie de ces convois pouvait être transportée par voie de mer, grâce à l'outillage des petits ports marchands de Bandol et de Sanary. De la sorte, Carteaux pouvait enfin empêcher les communications de l'ennemi avec Ollioules. Même sans cartes, ce général pouvait sans peine être guidé par les gens du pays, après avoir recueilli des renseignements auprès de la municipalité du Beausset, par exemple. Jamais n'aurait pu être élevé le Petit Gibraltar des Anglais. C'est le 21 septembre, seulement, que le général Delaborde put occuper La Seyne, bombardée d'ailleurs tout de suite par Hood, parce que les habitants avaient construit un brûlot pour l'armée républicaine et avaient ainsi violé la neutralité promise (23 septembre) [2]. D'après des auteurs

---

1. Représentant par sa mère, née de Coulomb, cette ancienne famille essentiellement toulonnaise et actuellement tombée en quenouille (Cf. TEISSIER, *Armorial de la ville de Toulon*, p. 37).

2. COTTIN, *Toulon et les Anglais*, p. 213-214.

mal informés, pour reprendre Ollioules, Carteaux aurait fait passer l'une des colonnes de son armée par Saint-Nazaire après lui avoir fait contourner la montagne. Dès l'occupation de Toulon par les alliés, l'enthousiasme des villages fédérés avec cette ville, tels qu'Ollioules, ou ayant été sous la domination des fédéralistes, tels que Bandol, avait singulièrement baissé. De Bandol à La Seyne, les populations auraient acclamé comme des sauveurs les soldats républicains, tout à fait au commencement du mois de septembre[1].

Cependant les circonstances atténuantes peuvent être plaidées en faveur de ce général, car il était dépourvu de cartes. A deux reprises (12 et 15 septembre) il en sollicita l'envoi et il demandait les cartes de la France[2]! Mon Dieu! Quelles prétentions étaient donc les siennes!

Son désir fut exaucé plus tard. Je possède en effet quatre feuilles de la carte de Cassini, me provenant d'une autre source que le brevet de la nomination d'Alméras. Elles portent chacune l'écusson bien connu de Vignon « marchand de cartes de géographie, rue Dauphine », à Paris. La qualité prise par Carteaux sur l'une d'elles prouvent qu'elles lui ont été livrées pendant son séjour à Grenoble comme commandant en chef de l'armée des Alpes (9 novembre 1793). Ce sont les n°ˢ 88, f. 80, Saint-Marcellin (Loire); 120, f. 119 (n° barré), Die; 121, f. 136, Vaison; 150, f. 137, Barraux. Chacune des feuilles est munie d'une fiche en parchemin : n° 88, Saint-Marcellin; n° 120, Die; n° 121, Vaison; n° 150, Barraux[3]. Elles portent en outre l'étiquette correspondante : n° 88, Saint-Marcellin; f. 80; n° 120, Die, f. 119 (n° barré); n° 121, Vaison, f. 136; n° 150, Barraux, f. 137. Les fiches et les étiquettes ont été garnies par Carteaux lui-même. Sur la feuille de Die, nous lisons : « Au général Carteaux commandant *E*n chef *L'*armée des Alpes. » Après avoir inscrit son nom, il

---

1. Nous l'avons déjà dit, le premier détachement de l'armée de Carteaux parvint à Sanary le 8 septembre, deux jours après la reprise d'Ollioules par cet officier.

2. LAVAL, *Op. c.*, p. 408-409.

3. L'orthographe ancienne a été suivie : Barreaux.

avait apposé sa signature. Puis il s'est ravisé pour ajouter sa qualité.

L'écriture n'est pas sans ressembler à celle de Frédéric II, roi de Prusse. Fine et assez élégante comme celle-ci, son examen met en relief cependant l'absence de liaison des lettres, indice d'un défaut d'esprit de suite dans les idées. Cette élégance est là, il est inutile de l'ajouter, le seul point de contact entre un homme de génie et un incapable. D'ailleurs, l'écriture de Carteaux est plus fine que celle de Frédéric II.

Le point terminus du tramway de Toulon à Ollioules est voisin de l'entrée du pont sur la Reppe, défendu vaillamment par les alliés. De ce côté-là et d'après le poteau-indicateur, l'entrée des gorges se trouve à 59 kilomètres de Marseille. L'aspect des lieux permet de se rendre un compte exact des causes des combats, dont cette petite ville, assez curieuse à visiter et située à 6 kilomètres de Toulon, a été le théâtre. Le défilé, ravagé par le mistral, traverse un groupe de montagnes pelées ou couvertes de pins maritimes, mais montrant dans leur partie inférieure nombre d'oliviers, et semble provoquer la lutte par sa forme et par son allure rude et sauvage. Toutefois de gros blocs calcaires y rappellent ceux de la forêt de Fontainebleau, de pacifique réputation. Carteaux, sous le coup d'une vive émotion, a qualifié de terribles, avec raison, les célèbres vaux d'Ollioules qu'il lui eût été si facile d'éviter. La marche de ses troupes par les chemins de la côte à partir de Bandol eût été moins rapide que par la route nationale, mais elles seraient parvenues néanmoins plus promptement sous les fortifications de Toulon.

Des preuves du sac d'Ollioules après sa reprise ont été déjà données par divers auteurs. Comme elles ont été contestées, il est utile d'en administrer une nouvelle. Le 28 messidor an III (16 juillet 1795), la municipalité de ce lieu délivra un certificat à Toulouzan. Il le présenta à celle de Sanary en faisant constater que « la commune d'Ollioules ayant été livrée au pillage « après un combat sanglant qui eut lieu entre l'armée française « et celle des Anglais, les pétitionnaires prirent la fuite pour

« éviter les dangers auxquels ils étaient exposés » (7 septembre)[1]. La part prise par les Anglais à cette affaire ayant été prépondérante, leur nom est seul cité à l'exclusion de celui des Espagnols.

Bientôt 3 dragons et 3 carabiniers firent étape à Sanary. Du 9 au 12 septembre, le capitaine Mathieu s'y rendit au sujet de l' « armement des batteries et pour prendre des mesures sur « le vaisseau ennemi qui avait brizé ou démonté nos batte- « ries »[2]. C'est seulement le 14 que le capitaine Guynet ou Guinet put occuper Le Brusc. Les premiers soldats parvinrent à Sanary les 8 et 9, par petites sections, et cette ville en compta, à partir du 11, un assez grand nombre.

Au cours du siège et en 1794 elle fut occupée par des détachements plus ou moins importants du 10e bataillon de la Drôme[3], de la 1re compagnie d'artillerie de la Lozère, du 1er bataillon du Mont-Blanc, de la Légion allobroge, etc.

VIII

Depuis longtemps, on l'a vu, l'attention des personnes compétentes était portée sur les batteries, leur organisation et leur entretien. Évidemment, le matériel seul ne pouvait rendre aucun service. Aussi dut-on rechercher un personnel exercé, que l'on trouva en nombre suffisant parmi les régiments de la région. Mais dès le début du siège, des réquisitions devinrent nécessaires.

Citons pour mémoire trois lettres[4] de Barras, commandant l'artillerie à Toulon : 1° du 11 octobre 1792, pour fourniture

---

1. *Registre des délibérations*, f. 204.
2. *Archives de Sanary*, L₁.
3. Le 3e bataillon de la Drôme s'immortalisa au siège de Lyon (*Courrier d'Avignon*, n° 213). De La Farlède, Barras écrivait le 15 décembre : « Le bataillon de la Drôme n'est pas arrivé. » (Poupé, *Lettres de Barras et de Fréron en mission dans le Midi*, p. 83.) Parmi les bataillons envoyés dans le Midi les uns descendirent le Rhône dans des bateaux, les autres vinrent à pied (*Courrier d'Avignon*, n° 279, 25 frimaire).
4. Entièrement autographes (*Archives de Sanary*, H₂).

d'huile et de chandelle à la batterie de la Cride ; 2° du 1er décembre suivant, au sujet d'une demande d'affûts et de l'envoi de cartouches; 3° du 31 décembre, adressée au maire, concernant un navire qui n'avait pas voulu se faire connaître. Rappelons en même temps une lettre de Combis, maréchal de camp commandant à Toulon (23 mars 1790), relative aux batteries.

En attendant les événements, Ravel, directeur en chef de l'artillerie à Toulon, et les administrateurs composant le directoire du district de cette ville avaient fait déposer dans la « grosse » tour de Sanary les effets nécessaires à l'armement des batteries voisines (mai 1792). Le registre des délibérations constate qu'elle avait été transformée en magasin pour le service des batteries, à la tête duquel avait été placé un garde-magasin (juin)[1].

Dès le 13 septembre, des billets manuscrits avaient été distribués dans toutes les maisons de Sanary :

Au nom de la loy

Il est ordonné à touts les marin et autres qui ont de talents pour l'artillerie[2] et ceux quil avait servi dans les bapterie de se rendre à huit heures devant la municipalité. A Saint-Nazere le 13 septembre 1793.

MATHIEU, cap^{ne}, BONNEGRACE, off. m.[3]

Ces deux personnages étaient trop minces pour que cet ordre sortît à effet. Carteaux[4] fut obligé d'intervenir :

Jean-François Carteaux, général en chef des armées de la République Française, commandant l'Armée du Midi[5] et d'Italie, requiert

1. *Archives de Sanary*, H 1.
2. La lettre du 10 septembre, due à Gasparin et à Saliceti, relative aux deux mortiers que les Sanaryens auraient laissé enlever par les Anglais et aux événements que nous avons déjà narrés, a été publiée dans le *Mercure françois* (n° 113 du 28 septembre 1793) (Bibl. d'Avignon) et, d'après le *Moniteur* (séance du 18 septembre), dans le *Recueil des Actes du Comité de Salut public*, t. VI, p. 413.
3. *Archives de Sanary*, H 2.
4. Selon LOURDE, Carteaux aurait fait réarmer les batteries de Saint-Nazaire et de Bandol (!) dès le début de l'occupation de Toulon par les Anglais (!) (*Hist. de la Révolution*, etc., t. III, p. 318).
5. Imprimé jusque-là.

la municipalité de Saint-Nazaire de faire partir sur le champ et pour être employés au service de la république tous les canoniers les plus propres à servir les pièces. Ces citoyens se rendront aux batteries de la Côte et seront placés aux différents postes d'après les ordres qu'en donnera le citoyen Mathieu, capitaine d'artillerie. La Municipalité demeure prévenue qu'elle sera responsable du retard qu'elle apporteroit à exécuter la présente réquisition.

CARTEAUX,

Au Quartier général d'Oulioules, le 22 septembre, l'an 2^e
de la République Française [1].

Le 4 octobre suivant, à Nice, les représentants Robespierre jeune et Ricord durent tenir compte de la pétition émanant de Pierre Bella, capitaine, Jacques Gastaud ou Gastoud, lieutenant, et Antoine Mouton, sous-lieutenant aux postes des batteries de Graillon et de la Gabelle. Après avoir proclamé l'importance de la connaissance du maniement du canon, après avoir insisté sur les dangers de l'immixtion dans la police de l'armée des corps constitués, après avoir constaté que la compagnie levée par le général Mouredon ne pouvait être dissoute à cause de la promulgation de la loi concernant la levée en masse des citoyens, puisque cette compagnie avait été formée pour protéger les côtes contre les incursions des ennemis et qu'elle faisait un service militaire, ces représentants décidèrent qu'aucun détachement ne serait déplacé sans le consentement de ses officiers, que les corps constitués devaient demeurer à l'écart de l'administration militaire et que la compagnie se trouvant aux batteries de Graillon et de la Gabelle resterait à son poste [2].

Le 8 octobre, les représentants du peuple délégués dans les départements méridionaux, Charbonnier et Pomme l'Américain, chargèrent Martin, commis d'administration, et deux canonniers, de l'inspection des batteries des côtes de Marseille à Toulon, de recueillir des renseignements sur les citoyens

---

1. *Archives de Sanary*, H 2.
2. *Archives de Sanary*, D 4.

chargés de leur défense et de l'arrestation des personnes suspectes dans les communes avoisinant les côtes[1].

Les canonniers improvisés ou non avaient une singulière idée de leurs devoirs et se méprenaient sur leur valeur.

La municipalité de Sanary autorisa « l'assemblée », le 21 frimaire (11 décembre 1793), de la compagnie des canonniers (17 présents) pour demander au général d'artillerie le changement de leurs chefs qui « n'ont aucune connoissance de « l'art du canonage » conformément à l'acte constitutionnel, pour le salut et dans l'intérêt de la République. Et cependant, l'instant était critique. Plus que jamais la discipline était indispensable.

L'année suivante, peu de temps après la prise de Toulon, le manque d'artilleurs était presque absolu. Le commandant de l'artillerie de la Côte, Mathieu, enjoignit, le 11 ventôse an II (1er mars 1794), à la municipalité de Sanary de requérir trente cultivateurs ou « gens qui sont oisifs » pour le service des pièces d'artillerie de la côte de ce lieu. La Société populaire s'était occupée de cette question, la veille, 10 ventôse. Pardigon, maire, tout en facilitant cette opération, eut le courage de déclarer qu'il était désirable de ne pas « perdre de vue que « si la République a besoin de déffenseurs, elle a besoin égal- « lement de cultivateur » (11 ventôse). Mathieu avait invoqué la nécessité d' « un état de deffence respectable pour éterminer « et canoner les vaisseaux ennemis »[2]. Nommé maire le 13 novembre 1791, par l'assemblée des citoyens actifs, Pardigon, qui devait être « puni de mort », fit preuve d'un zèle et d'une énergie extrêmes dans les plus mauvais jours et remplit avec dévouement son mandat. Il tint toujours compte, dans la mesure du possible, des délibérations prises par cette Société populaire, la Société des Amis de la liberté.

Les documents sont en général muets au sujet des munitions concernant l'artillerie. Cette circonstance semble attester, sinon leur abondance pendant le siège, du moins leur livraison en

1. *Registre des délibérations*, f° 59-60.
2. *Archives de Sanary*, H 2.

quantité suffisante par le service compétent. La célébration de la prise de Lyon fut même l'occasion d'un véritable gaspillage, d'après une lettre inédite :

Ollioules, le 13 octobre l'an 2 de la République Françoise.

Les représentants du peuple près l'armée dirigée contre les rebelles de Toulon à la municipalité de Saint-Nazaire.

Nous avons reçu, citoyens, avec votre lettre d'aujourd'hui et l'arrêté qu'elle contenoit, les trois papiers relatifs aux vaisseaux hollandais retenus dans votre port et qui ne nous avoient pas été remis précédemment. Soyés exact à suivre les ordres que nous vous avons donné ce matin.

Salut et fraternité,

GASPARIN, SALICETI.

P.-S. — Vous serés bien aises en qualité de bons républicains d'apprendre que Lion est réduit et que les troupes qui on rendu cette ville à la liberté vont se joindre à nous pour détruire Toulon, mais nous vous chargeons expressément de donner à cette nouvelle toute la publicité possible soit auprès des habitants soit auprès des troupes de la République et de la faire solenniser demain à midi précis par une décharge de toute l'artillerie des cotes.

La décharge générale de toutes les pièces à un même moment dut singulièrement surprendre les Toulonnais et semer quelque peu la terreur dans leur sein (14 octobre)[1].

D'après un état, incomplet d'ailleurs, les administrations locales servaient d'intermédiaires pour le transport et la remise à destination de certains objets de première nécessité. Cet état renferme la liste des quintaux d'huile livrés à la municipalité de Sanary, à partir du 28 frimaire an II (18 décembre 1793), pour l'hôpital ambulant, les batteries et les vaisseaux hollandais, conformément aux réquisitions[2].

Le 18 octobre Hubert, officier au 59e régiment d'infanterie, faisant partie de l'armée de Carteaux, adressa une lettre datée

1. *Archives de Sanary*, H 2.
2. *Archives de Sanary*, H 2.

de Saint-Nazaire, où il se trouvait avec un détachement pour y garder dans le port les neuf vaisseaux hollandais « confisqués au profit de la *Sans-Culotterie* », et affirma que les Anglais avaient eu recours aux forçats pour enterrer leurs morts[1]. Il est vraiment étonnant que les vaisseaux hollandais, que nous retrouvons cités une fois de plus, n'aient pas été utilisés tout de suite pour le ravitaillement de l'armée républicaine et qu'ils n'aient pas été remis aux mains des gens de métier, marins ou matelots, plus compétents certainement que des fantassins[2].

Un sentiment incompréhensible retint à Nice les représentants du peuple. Eurent-ils des doutes sur l'issue de la lutte ? Craignèrent-ils d'être mêlés directement aux hostilités ? Quoi qu'il en soit, leur attitude dans cette grave circonstance mérite un blâme.

République française,
Une et indivisible,

Les représentants du peuple près l'armée d'Italie, aux officiers municipaux de la commune de Sanary[3].

La patrie en danger réclame, citoyens, tous les défenseurs enrôlés dans les différens bataillons de la République. Nous savons qu'il en est dans votre commune qui n'ont point rejoint leurs corps et nous vous requérons sous votre responsabilité individuelle de les faire partir sur le champ ; le moindre rétard dans l'exécution de cette disposition à laquelle est attachée le salut de la liberté en faisant disparoître votre caractère de citoyen et de magistrat du peuple, ne vous présenteroit plus que comme son ennemi, que comme complice de toutes les trahisons dont il est environné. Il n'est plus qu'un cri pour les républicains, *aux armes, guerre aux tyrans, guerre aux conspirateurs, guerre aux fédéralistes et aux ennemis de l'égalité*. Marchons tous en masse et dans un mois cette horde

---

1. *Courrier d'Avignon*, faisant suite au *Courrier* de Sabin Tournal et rédigé par une société de gens de lettres, amis de la Constitution (n° 225, du 1er jour de la première décade du deuxième mois de l'an II, p. 900).

2. Cf. aussi, au point de vue général, la lettre du 15 octobre 1793, écrite par un volontaire avignonnais et datée du camp d'Ollioules (*Même Courrier*, n° 222).

3. Ce nom est manuscrit, ce qui prouve que cette circulaire a été expédiée dans plusieurs communes.

de scélérats ne souillera plus la terre de la liberté, la paix renaîtra et la patrie sera libre.

Paul Barras, Ricord, Fréron, Robespierre jeune.

Nice, ce 17 septembre 1793, l'an second de la République française[1].

Cette circulaire imprimée avait été lancée pour donner plus de poids aux ordres du général Carteaux et pour prévenir les défections. Celui-ci venait en effet de dresser ses premières réquisitions.

Jean-François Carteaux, général de brigade des armées de la République Françoise, employé à celle des Alpes et commandant l'armée destinée à repousser les rébelles (*sic*) de Marseille et toute force départementale[2].

Requiert la municipalité de Saint-Nazaire de fournir sur le champ vingt-cinq hommes d'un patriotisme reconnu, pour être joint au battaillon (*sic*) qui leur sera désigné ; les dits vingt-cinq hommes seront pris sur les citoyens qui ne font aucun service dans l'armée de la république.

Carteaux.

Au quartier général du Beausset, le 14 septembre 1793, l'an 2
de la République françoise.

La signature est accompagnée d'un cachet aux deux légendes : *Commandant général-République Française*. Dans le champ, la République avec ses attributs[3].

Cet ordre fut exécuté sur-le-champ, car le général Mouret écrivit bientôt à la même municipalité une lettre, entièrement manuscrite :

Au camp, près Toulon, ce 25 septembre 1793, l'an 2
de la République française.

Citoyens,

En applaudissant au zèle de vos habitans, je ne puis m'empêcher de vous demander à complêtter la compagnie que vous avez envoyée et de laquelle je suis fort content ; je compte trop sur le

1. *Imprimé, petit in-f°, s. l. n. n. n. d. (Archives de Sanary, D₄).*
2. En-tête imprimé.
3. *Archives de Sanary*, D₄.

zèlé et le patriotisme de vos habitants pour me faire espérer que vous enverrés encore une quinzaine d'hommes propres à porter les armes.

Le général de brigade,

MOURET[1].

Les représentants du peuple près l'armée des Alpes, mécontents de l'attitude de la municipalité d'Ollioules, désignèrent trois commissaires municipaux pour remplir les fonctions de cette dernière[2]. Ceux-ci ne tardèrent pas à se plaindre aux officiers municipaux de Saint-Nazaire de l'enrôlement forcé dans le bataillon de ce lieu de plusieurs citoyens domiciliés dans le territoire d'Ollioules et à demander la radiation des soldats visés, portés d'ailleurs sur la liste de leur domicile (3 octobre 1793)[3].

Le salut de la patrie ne pouvait permettre la moindre tergiversation et le recours aux menaces relativement à l'exécution des décisions prises était pour ainsi dire devenu obligatoire. Aussi, en transmettant deux arrêtés des représentants du peuple, en date du 14 et du 19 septembre, et importants, les administrateurs du district de Beausset rendirent les officiers municipaux de Saint-Nazaire personnellement responsables de leur exécution[4]. Mais autant le ton employé par Carteaux était impératif, autant la formule employée par d'autres généraux était polie.

Au bas d'une pétition recommandée à l'attention de la municipalité de Saint-Nazaire (nom ancien conservé) par le

---

1. *Archives de Sanary*, D 4.

2. Ces commissaires jouèrent un rôle assez important et firent preuve d'une grande activité. C'est, semble-t-il, vers la fin du mois de brumaire que les soldats purent recevoir enfin des rations de viande, d'une manière suivie. Le directeur des boucheries de l'armée, dont le nom n'est pas connu, demanda des palans pour suspendre les bœufs tués « étant obligés d'établir la tuerie au camp ». Ollioules étant dépourvu de ces objets, les commissaires requirent la municipalité de Saint-Nazaire de les leur « fournir dans le jour, la chose étant très urgente » (28 brumaire) (18 novembre 1793).

3. *Mêmes Archives*, D 4.

4. *Archives de Sanary*, D 4.

général de brigade Garnier[1], commandant l'aile gauche de l'armée révolutionnaire devant Toulon (2 frimaire an II) (22 novembre 1793), nous retrouvons en effet les mots : « prions la municipalité »[2]. A ce moment-là, le fléau de la désertion continuait à exercer ses ravages, d'après une lettre émanant des officiers, des sous-officiers et du caporal d'une compagnie mentionnant la fuite de cinq soldats (au camp, le 22 novembre 1793).

A son tour le général divisionnaire, André Mouret, dut signaler le 24 ventôse an II (14 mars 1794) de Toulon (Port-la-Montagne) « l'infinité » de déserteurs vivant tranquillement à Saint-Nazaire « dans un temps où la patrie appelle tous les « bons français sous les drapeaux ». Plusieurs documents révèlent un pareil état d'âme chez les marins comme dans l'armée de terre au sortir du siège. Diverses mesures fâcheuses avaient provoqué un réel mécontentement. Le dévouement de quantité de soldats n'avait pas été récompensé d'une manière suffisante.

Ainsi, par une pétition, Jean-Félix Recours, cultivateur du canton de Sanary-Beauport, exposa que « ses sentiments « invariables du plus pur républicanisme le firent voler des « premiers au secours de ses frères d'armes contre l'infâme et « rebelle ville du cy-devant Toulon d'après l'invitation qui fut « faite à tous ses concitoyens par la Société populaire de notre « commune ». Ensuite il déclara ne pas « vouloir venter son « courage et sa valeur qu'il a montré devant cette abominable « ville, n'ayant fait que son devoir pour s'être aidé à chasser « nos ennemis du sol de la liberté ». Il demandait à regagner ses foyers, étant « hors de la réquisition de dix-huit à vingt-« cinq ans » puisqu'il était âgé de trente-deux ans et était obligé de subvenir aux besoins de son père infirme et ayant soixante-dix ans et de sa sœur estropiée. La municipalité et le comité de surveillance de Sanary déclarèrent qu'il n'y avait pas lieu à délibérer, malgré la sincérité des motifs invoqués, de

---

1. Il avait été promu à ce grade le 12 septembre précédent. Le Dr Robinet lui a consacré une étude dans son *Dict.*

2. *Archives de Sanary*, H₁.

conformité à l'arrêté du Comité de Salut public du 13 ventôse précédent[1], chaque soldat devant rester rigoureusement à son poste[2]. Cette solution était véritablement injuste. L'horizon était encore sombre, mais une décision de faveur eût produit une excellente impression dans un cas particulier.

Le retour offensif des alliés ou tout au moins des Anglais était à redouter. Aussi prit-on pendant plusieurs mois de grandes précautions et les batteries des côtes furent-elles maintenues en état. D'après le relevé du 1er prairial an II (20 mai 1794), la compagnie des canonniers-marins de la côte du Brusc occupait en effet, au nombre de 60 hommes, les batteries du Cap Nègre, de Rayolet et de la Lauve. Cette dernière, de création récente, se trouvait vers la haute mer de l'autre côté des collines du Brusc. La compagnie des canonniers-marins de la côte de Sanary-Beauport répartie entre les batteries de Portissol, de la Cride et du Môle (réinstallée récemment) s'élevait à 50 hommes[3].

Les formalités administratives pour la répartition des prises furent très longues et les espérances tournées vers cette distribution parurent un instant devoir être déçues. L'envoi de l'avis fut annoncé par une lettre émanée de l'Administration de la Marine. Il y a lieu de relever l'en-tête « féroce » des lettres de cette nature, portant la devise *Liberté, Égalité ou la Mort*, encadrant la représentation de la Marine au type de la République. Ce type-là est exceptionnel pour la région du Sud-Est. Les lettres des bureaux civils de la Marine furent imprimées très probablement par Aurel, auquel nous consacrerons prochainement une étude. L'*Avis* suivant a dû sortir également de ses presses :

LIBERTÉ   ÉGALITÉ

Avis

Le Chef du Bureau des Armemens invite tous les Citoyens, qui ont droit aux Prises faites par les batteries de la côte, lors de la

1. 3 mars 1794.
2. *Archives de Sanary*, G.
3. *Ibid.*, H₂.

reprise de ce Port par l'Armée de la République, à se présenter au bureau des prises, avant la fin de la première décade du mois de brumaire, pour y prendre connoissance des formalités qu'ils ont à remplir, ainsi que des réclamations et jugemens du Tribunal de Commerce qui y sont déposés. Il les prévient qu'aussitôt l'expiration du délai ci-dessus, il sera procédé à la répartition du produit de ces Prises et qu'alors aucune nouvelle réclamation ne pourra être admise.

Port la Montagne, le 24 vendémiaire, l'an 3e[1] de la République Française, une et indivisible.

A. GIVERSEAU.

Port la Montagne, de l'Imprimerie de la Marine[2].

Comment les intéressés accueillirent-ils les décisions prises? Nous l'ignorons pour le moment. Une première tentative de délivrance des sommes s'était heurtée à bien des difficultés.

IX

Selon une singulière légende, de véritables théories de Sanaryens auraient abandonné ce lieu à l'approche de l'armée républicaine pour chercher leur salut à Toulon. Cette tradition est manifestement fausse pour quiconque est tant soit peu au courant de l'histoire locale. Bandol fut sous la domination des fédéralistes du 19 juillet au 26 août et sa section fut sous l'influence des sections de Toulon, tout en conservant l'ancienne municipalité[3]. Or, si la municipalité de Sanary correspondit avec ces dernières sections, aucun pouvoir fédéraliste ne fut constitué dans cette ville, où les représailles politiques, en cas de succès des troupes républicaines, n'étaient dès lors guère à craindre.

A Grasse, le 19 septembre, les représentants du peuple, Barras et Fréron, décrétèrent la mise sous séquestre des biens d' «une infinité de mauvais citoyens du département réfugiés à Toulon et partageant la trahison des conspirateurs renfer-

1. 15 octobre 1794.
2. *Archives de Sanary*, D 4.
3. POUPÉ, *Le mouvement fédéraliste à Bandol* (*Revue de Provence*, n° 85).

més dans cette ville » et l'arrestation de toutes les personnes de cette dernière catégorie « si elles passoient sur le territoire du dit département ». Cinq jours auparavant, Gasparin, Escudier et Saliceti avaient ordonné l'incarcération des gens suspects se trouvant dans le territoire de la République (14 septembre). L'administration du département du Var décida leur internement dans le Séminaire de Fréjus [1].

Analysons quelques délibérations du Comité de Salut Public de Saint-Nazaire. Les 11 et 12 octobre fut dressée la liste générale des personnes se trouvant « dans la traite ville de Toulon, soit avant ou après l'arrivée du général Cartaud ». Elle comprenait :

1° Jérôme Fournier, Laurens Deprat, Charles Hermitte, Antoine Aicard, Barthélemy Reboul, Jean André, Calixte Roustan, Laurent Sabatier, Jean-Louis Reboul, Joseph Reboul, Antoine Andrac, Toussaint Andrac, Joseph Lien, Antoine Deprat, Nazaire Daniel et Deloulle, tous embarqués sur les vaisseaux de la République ; 2° Jean-Louis Arnoux, Barthélemy Vidal et son fils, Jean Allègre, Louis Comte, Pierre Armelin et son fils, Cyprien Vernet, François Vernet, Nicolas Dugué, Jean Mistre, employés à l'Arsenal ; 3° Jacques Fournier, patron d'un bâtiment de la côte, Duvignos, commissaire de la marine, habitant Toulon, Hédouin, officier d'artillerie, marié à Sanary, Jean Gautier fixé à Toulon depuis 15 ans, Grace Andrac, mariée à Toulon depuis 12 ans, Jean-Jacques Verdillon au service de la République, soit en tout 33 personnes. La femme et les enfants, le cas échéant, de 3 personnes seulement s'étaient réfugiés, disait-on, à Toulon ; la sœur de 2 autres avait pris la même détermination. Le 14 octobre furent ajoutés à ce tableau, deux citoyens habitant Toulon : Joseph Aicard, officier bombardier dans cette ville, possédant des immeubles à Saint-Nazaire, et Jean-Joseph Tournaire, embarqué sur les vaisseaux de la République. Trois noms de Toulonnais, propriétaires de biens à Sanary, furent encore relevés (22 octobre) [2].

1. *Archives de Sanary*, D₄.
2. *Ibid.*, D₄.

Comme il était aisé de le prévoir, une lettre de l'administration provisoire du district du Beausset, adressée aux officiers
municipaux de Sanary, réclama la liste de toutes les personnes
absentes et de celles qui s'étaient réfugiées dans la ville rebelle
de Toulon (27 brumaire) (17 novembre 1793). Elle fut suivie
d'une lettre écrite par la municipalité de Bandol au sujet d'Andrac, qui s'était échappé, lors de la création de la compagnie
franche (2 frimaire) [1].

Bientôt un arrêté des représentants prescrivit la tenue d'un
registre destiné à recevoir le nom des citoyens désireux de
concourir à la défense des droits de l'homme, afin qu'un poste
leur soit désigné dans le département. A la veille de la prise
de Toulon (24 frimaire) (14 décembre), un nouveau registre
fut ouvert pour inscrire les noms des patriotes fugitifs de Toulon, Marseille et Commune-Affranchie, auxquels le décret du
1er frimaire accordait des secours. Vers le milieu de ce même
mois, les représentants près l'armée d'Italie prescrivirent la
vente immédiate des biens des émigrés. Au mois de brumaire,
Barras et Fréron avaient ordonné la démolition : 1° des châ-
teaux « environnés de murailles, de fossés et de tours » ; 2° des
couvents et des abbayes, seulement si ces derniers pouvaient
offrir un poste avantageux aux ennemis [2].

Les décisions concernant les émigrés étaient principalement
destinées à frapper les Toulonnais fugitifs et les habitants des
environs ayant abandonné leurs foyers à la nouvelle de l'arrivée prochaine des troupes de Carteaux.

X

L'administration du département du Var avait décidé à
Grasse, le 10 octobre précédent, d'enjoindre à celle du district
du Beausset d'ordonner sur-le-champ à toutes les communes
de son ressort de lui faire parvenir dans les vingt-quatre heures
toutes les armes de calibre se trouvant chez les habitants. Pour

1. *Archives de Sanary*, I$_2$.
2. *Ibid.*, D$_4$.

parvenir à ce but, les visites domiciliaires étaient autorisées sans réserve et la moindre négligence des municipalités devait être punie avec rigueur. Enfin les déserteurs devaient être mis en demeure de regagner leur corps « à peine de desti-« tution contre les officiers municipaux convaincus de conni-« vence et d'être transportés à vingt lieues des frontières en vertu « de l'arrêté du 26 septembre approuvé par les représentans « du peuple et à peine d'arrestation comme suspects et séques-« tration des biens de leurs parens qui recéleront lesdits déser-« teurs[1]. » Qu'il y eût des déserteurs plus que jamais, rien, ma foi, n'était plus naturel, étant donné le manque de courage des masses populaires; mais que l'on pût recueillir encore des armes de calibre, cela était matériellement impossible.

Les documents suivants démontrent qu'après les demandes de toute nature adressées aux habitants du malheureux district du Beausset, leurs demeures furent bientôt vides :

Jean-François Carteaux, général en chef des armées de la République française, commandant l'armée du Midi[2] *et de l'Italie.*

Il est ordonné à la municipalité de Saint-Nazaire, de faire amener au quartier général à Oulioules, sur des voitures qu'elle requerera à cet effet, savoir :

1º Vingt cordes de quarante pieds de longueur ;

2º Dix échelles en bois de vingt pieds;

3º Dix échelles de douze pieds ;

4º Vingt chaînes en fer de quatre pieds de longueur ;

5º Vingt crochets très larges ;

La municipalité de Saint-Nazaire fera tout son possible pour que tous ces différents objets soyent rendus à Oulioules, ce soir avant dix heures.

CARTEAUX.

Au quartier général d'Oulioules, 1er octobre l'an 2e
de la République Française[3].

1. *Archives de Sanary,* H₂.

2. Imprimé jusque-là.

3. Ou 10 vendémiaire an II (*Archives de Sanary,* H₂). A ce moment-là (2 octobre) était affichée l'adresse de la Convention aux départements méridionaux, dirigée contre « la manœuvre horrible et l'insigne perfidie des rebelles de Toulon et celles « de ses adhérans » (*Archives de Sanary,* H⁴).

La suite donnée à cet ordre n'est pas connue. Il n'a probablement pas pu être exécuté tel quel. Carteaux n'eut plus, du reste, recours à cette municipalité, dont l'obligeance était déjà appréciée.

Cependant, les réquisitions succédèrent aux réquisitions. Le 12 octobre, à Grasse, l'administration du département du Var prescrivit aux administrateurs du directoire du district du Beausset de faire rechercher, en vertu de l'arrêté du Comité de Salut Public du 13 septembre précédent, dans les maisons, les matières « de première nécessité » pour la fonte des canons, la fabrication des armes et des munitions de guerre, telles que plomb, cuivre, étain, fer, acier, fonte, métaux de cloche, etc., en dressant un état exact de leur origine, même s'ils provenaient des biens des émigrés. La réquisition s'appliquait également aux chevaux, mulets, voitures, matelas, paillasses, etc.

Trois jours plus tard (15 octobre), à Nice, les représentants du peuple, députés par la Convention Nationale à l'armée d'Italie, Ricord et Robespierre jeune, mirent en réquisition tout le plomb existant dans le département du Var pour être transporté à l'arsenal de Nice, après vérification du poids et de la qualité dans le but d'en payer le prix à leur propriétaire. Toutes perquisitions utiles étaient autorisées. La circulaire, conforme, des administrateurs du district du Beausset était datée du 21 octobre suivant et rappelait que les poids des métiers et des pendules [1] rentraient dans la catégorie des objets réclamés.

Le 8e jour de la 1re décade du 2e mois de l'an II de la République (8 brumaire an 11) (29 octobre 1793) les administrateurs du district du Beausset firent mettre en réquisition tous les boutons d' « uniformes nationaux », se trouvant dans les magasins des marchands des communes du ressort.

Le lendemain (9 brumaire) fut prescrite, en vertu d'ordres supérieurs, la réquisition, sauf paiement, des draps bleu, blanc et écarlate de toute nature et de toute qualité, des draps de toute couleur « depuis les Elbeuf et en dessous », des étoffes

1. Horloges à poids.

en laine, propres à l'équipement des volontaires, des bas pour hommes, en laine ou en coton, aptes au même usage, enfin des toiles et des fils. Le tout devait être rendu dans les trois jours au Beausset.

Le lendemain encore (10 brumaire), furent mis en réquisition les souliers se trouvant chez les cordonniers et les « marchan- « dises propres à les faire pour la quantité de vingt-cinq paires « souliers » à confectionner tout de suite. L'envoi du tout devait parvenir au chef-lieu du district avant l'expiration du délai de quinze jours [1].

A son tour « Jacques Coquille Dugommier, général en chef « de l'Armée d'Italie et chargé de la conduite du siège de Tou- lon » [2] fit parvenir à la municipalité de Saint-Nazaire l'ordre suivant :

Au nom de la République française une et indivisible,

La municipalité de Saint-Nazaire est requise de fournir cinq cha- loupes des navires Holandois et tous les ustencilles nécessaires pour leur transport.

> Au quartier général d'Ollioules,
> 26e jour du 2e mois l'an 2e de la République [3].
>
> *Le Général en chef,*
> DUGOMMIER [4].

Les exigences de l'autorité militaire ne se firent ensuite plus sentir pendant près de trois semaines.

> Au quartier général d'Ollioules, le 16e frimaire [5] l'an second
> de la République française une et indivisible.

Buonaparte, commissaire des guerres, chargé de la police des hôpitaux, à la municipalité de Saint-Nazaire.

Le service de l'armée exige, citoyens, que vous requerrissiés, sur

---

1. Conformément à un décret de la Convention du 19 brumaire, les mêmes admi- nistrateurs prescrivirent le 25 de dresser un registre pour y inscrire le nom des républicains offrant à la patrie des chemises, des bas et des souliers destinés à être distribués aux « braves défenseurs de la cause sacrée du peuple » (*Mêmes archives*, D₄).

2. Titre imprimé.

3. 16 novembre 1793.

4. Signature autographe (*Mêmes archives*, D₄).

5. 6 décembre 1793.

le champ, toutes les charretes qui peuvent se trouver dans votre canton et qu'elles soient rendues ici, demain matin sans faute.

Votre patriotisme me fait espérer, de votre part, la plus grande activité à cet égard. Mettant sous votre responsabilité tout inconvénient en cas de négligence.

Salut et fraternité.

Pour le commissaire des guerres,
Roustan [1].

Cette « pièce » émane de Joseph Bonaparte ; la suivante, du futur Napoléon.

Ollioules, le 21 frimaire, 2º année [2].

Le Commandant de l'artillerie de l'armée devant Toulon, aux officiers municipaux de Saint-Nazaire,

Je vous requiers, citoyens, de mettre en réquisition tout le plomb qui se trouve à Saint-Nazaire et de le remettre au citoyen Mathieu capitaine d'artillerie.

Buonaparte [3].

Cette injonction, demeurée probablement sans résultat, témoigne incontestablement de la pénurie de balles dont souffrait l'armée. Cette situation était même pire pendant tout le temps qu'elle eut Carteaux pour chef. Elle explique, à elle seule, la prédilection de ce général pour l'arme blanche, prédilection qui a soulevé des railleries à tort.

---

1. Signature autographe. Le papier montre dans le filigrane un cornet comme pièce essentielle (*Mêmes archives*, D).

2. 11 décembre 1793.

3. Copie de l'époque. La signature de Bonaparte n'est pas autographe. Onze jours auparavant, Bonaparte avait fait preuve d'un grand courage. Un courrier extraordinaire « dépêché par les représentans du peuple et le général Dugommier » avait laissé à Agricol Mourcau une relation, datée d'Ollioules et relative à la journée du 10 frimaire, due à « Gilln, secrétaire de la commission » :

« L'énergie républicaine devoit triompher lorsqu'une colonne de huit cent hommes « conduite par le commandant d'artillerie Buonaparte est arrivée battant la charge, « a attaqué les ennemis par le centre et a précipité le moment de la déroute totale « des ennemis ; ils ont le temps d'enclouer les canons, mais dans une demi-heure « ils ont été désencloués et ont foudroyés (*sic*) les encloueurs... Les généraux Mouret « et Garnier et Buonaparte se sont, dans cette occasion, conduits d'une manière dis- « tinguée ». (*Courrier d'Avignon*, nº 267 du 13 frimaire an II, p. 1067-8.) Dugommier envoya un rapport analogue en haut lieu.

Le même capitaine Mathieu fut chargé par Joseph Bonaparte d'une autre mission. A raison « de la bonne volonté » témoignée par les officiers municipaux de Saint-Nazaire, le commissaire des guerres les invita, le 25 frimaire, à tenir prêts à mettre à la voile douze bateaux « pêcheurs » pour transporter des blessés à Marseille, et ces bateaux devaient être « couverts « des voiles rengées en cerceau pour garantir les malades de « la pluie et du soleil » [1]. Cette sollicitude est à noter [2].

Afin de ne pas donner trop d'ampleur à ce mémoire et dans le but aussi de ne pas abuser de la cordiale hospitalité de cette *Revue*, nous allons résumer, à deux exceptions près, quelques textes rigoureusement inédits comme tous ceux étudiés dans ce travail et tous relatifs à Sanary.

1° Réquisition des officiers municipaux du Beausset de faire transporter immédiatement à Ollioules six matelas destinés au dépôt de malades établi en ce lieu (22 septembre); 2° Lettre de Guinet, capitaine, commandant les batteries du Brusc, concernant une fourniture de 57 barils de vin à raison de 12 francs le baril de 3 millerolles (25 septembre); 3° Une réquisition naturellement dans le style de l'époque.

Au nom de la loy,

La municipalité faira requerir, pour demains à cinq heures les munitions de guerre; pour l'armée; qu'ils esterminera et bombardera les abominables Toulonnais.

A Saint-Nazaire, ce 5 octobre 1793, l'an 2ᵉ de la République française.

MATHIEU,
Capitaine commandant l'artillerie de la côte [3].

4° Lettre comminatoire du sans-culotte Gury, commissaire du congrès républicain formé à Marseille, près les armées vers

---

1. *Mêmes archives*, D₄.
2. D'après divers documents, le « 10ᵉ bataillon de la Drôme » séjourna à Saint-Nazaire, aux mois de germinal et de floréal de l'an II (mars-mai 1794) (*Mêmes archives, passim*).
3. Simple signature. Document rédigé par une autre main.

Toulon, menaçant les citoyens municipaux de Saint-Nazaire de leur faire répondre sur « leurs têtes à la République » du commerce frauduleux de vin se faisant dans leur port en faveur des escadres ennemies payant ces fournitures avec des écus, tandis qu'ils devraient veiller à l'envoi de ce vin à Nice à l'armée républicaine (Aubagne, 7 octobre) ; 5° Réquisition d'une bouteille d'huile pour éclairer le corps de garde du Brusc par Guinet, capitaine Allobroge commandant les batteries sur les Côtes Maritimes (8 octobre); 6° Réquisition immédiate par Machurot, maréchal des logis, commandant de la redoute des Quatre-Moulins[1], d'un drapeau tricolore (16 octobre); 7° Document important :

Ollioules, le 17 octobre 1793.

Le citoyen Buonaparte commandant de l'artillerie du Midi et des Côtes, aux officiers municipaux de Saint-Nazaire.

Je vous requiers, citoyens, de fournir pour le service de l'artillerie de l'armée, huit cents fascines composées de brains de bois de 5 à 6 lignes d'épaisseur sur sept à huit pieds de longueur. Ces fascines étant très nécessaires, je vous prie de faire en sorte de les procurer pour le dix-huit du courant. Je vous les envoyerez prendre par des voitures du parc, du moment que vous m'aurez averti qu'elles

---

1. La batterie des Hommes sans peur fut établie le 24 octobre au-devant des Deux-Moulins.

On remarquera que Bonaparte n'eut pas besoin de demander le moindre concours à la municipalité de Sanary, ni pour la batterie des Hommes sans peur, ni pour celle de la Convention, démasquée trop tôt par les représentants (27-8 novembre), ni pour les autres batteries. Selon la tradition, les boulets rouges étaient chauffés à Portissol (Cottin, *Toulon et les Anglais*, p. 271). La distance de la batterie de Portissol aux batteries installées pendant le siège était telle que cette tradition est certainement fausse. Dans ses *Mémoires*, le maréchal Victor emplace la batterie des Sans-Culottes tout simplement près de la Seyne et la batterie de la Convention sur la hauteur des Arènes (p. 158, 172 et 179). La première se trouvait à côté de la chapelle de Brégaillon.

Victor a critiqué à son tour le projet d'enlever forts et retranchements à la baïonnette, sans se douter du manque de balles et de la situation où les circonstances plaçaient Carteaux. Le général Zurlinden vient de consacrer à Saliceti, dans *Le Gaulois* du 29 octobre 1913, un article qu'a bien voulu me communiquer mon frère, M. Vallentin du Cheylard, capitaine adjudant-major d'infanterie, chevalier de la Légion d'honneur. Les archives de Sanary ne renferment aucune trace du débarquement en ce lieu du mortier demandé à La Ciotat par Bonaparte (Cf. Laval, *Op. l.*, p. 371).

seront prêtes. Je vous rembourserai tous les frais que cette fourniture vous occasionnera.

Le commandant de l'artillerie du Midy et des Côtes.
BUONAPARTE [1].

8° Circulaire du procureur général-syndic du département du Var et lettre du procureur-syndic du Beausset, relatives à la dresse du tableau des grains existants chez les citoyens « pour ne pas entraver la marche des subsistances dont le sort « de la République dépend » (16 et 18 octobre).

9° Lettre des commissaires municipaux d'Ollioules promettant de faire rendre 4 matelas, 8 draps de lit et 4 couvertures, dès qu'ils ne seront plus nécessaires (23 brumaire) (13 novembre 1793); 10° Lettre du directeur des subsistances militaires de la 8ᵉ division demandant un concours effectif à la municipalité pour tirer un parti convenable du port de Saint-Nazaire à proximité du quartier général par le moyen de la création en ce lieu d'un entrepôt des denrées destinées à l'armée, d'accord avec le général et les représentants du peuple (24 brumaire) [2]; 11° Convocation au Beausset d'un commissaire de la municipalité de Saint-Nazaire pour étudier la question des subsistances avec les administrateurs du district, devant se rendre à Marseille auprès de l'Assemblée générale et des Représentants (29 brumaire); 12° Réquisition du capitaine Georges et de deux officiers du 1ᵉʳ régiment de hussards détachés à Saint-Nazaire au sujet de la nourriture d'un cheval malade (20 novembre ou 30 brumaire); 13° Circulaire des administrateurs du district prescrivant l'approvisionnement en avoine et fourrages des marchés et des auberges où se trouve le relai des postes et messageries (2 frimaire); 14°[3] Lettre de Blanchet, inspecteur principal des subsistances militaires, au sujet de la confection immédiate de pain pour la subsistance de deux

---

1. Signature autographe.
2. Le 28 vendémiaire an II, à Marseille, les représentants du peuple envoyés dans les départements méridionaux, dressèrent une réquisition du blé se trouvant dans le département des Bouches-du-Rhône (Bibl. d'Avignon, ms 2757).
3. Tout est extrait des *Archives de Sanary* H₂.

bataillons arrivés à Ollioules sans être annoncés (3 frimaire);
15° Lettre du comité des subsistances du département du Var
aux administrateurs du district du Beausset, reconnaissant le
manque de denrées dans leur ressort, annonçant l'envoi d'une
partie du chargement d'un vaisseau génois pourvu de 600
charges de blé et ayant abordé au golfe Jouan et prévoyant
l'arrivée avant un mois de grains à Saint-Maximin, où des magasins étaient préparés (Grasse, 6 frimaire); 16° Circulaire des
mêmes administrateurs faisant connaître l'arrêté des représentants Barras et Fréron taxant la ration de fourrage à 15 livres
et celle d'avoine à 2/3 de boisseau (2 frimaire); 17° Circulaire
des mêmes, relative aux irrégularités remarquées dans les états
concernant les fournitures des étapes et des convois militaires
et les levées faites en vertu de la réquisition du 23 août (8 frimaire); 18° Circulaire des mêmes relative à la réquisition permanente pendant trois mois, en vertu du décret du 4 frimaire,
de tous les cordonniers, tenus de remettre par décade cinq
paires de souliers en leur nom et autant par ouvrier employé
(9 frimaire); 19° Circulaire des mêmes demandant des bandes
de 18 pans de longueur et de 3 doigts de largeur pour le pan-
sement des blessés « l'armée se trouvant surchargée de malades
« et de blessés et étant sur le point d'en avoir un plus grand
« nombre par les attaques qui doivent se faire contre la ville
« rebelle de Toulon » (9 frimaire); 20° Circulaire des mêmes
annonçant que le comité des subsistances du département
va venir en aide aux communes (11 frimaire) (1er décembre
1793) et cette promesse fut tenue malgré divers obstacles;
21° Lettre des commissaires provisoires d'Ollioules demandant
l'envoi de matelas, de couvertures et de draps de lit, leurs
« moyens » ayant été épuisés par les réquisitions des représentants du peuple près l'armée du Midi, des généraux et du commissaire ordonnateur de cette armée (11 novembre); 22° Lettre
de rappel des mêmes, car « le général Doppet manque de tous
« ces objets » et annonçant l'envoi d'un gendarme pour activer
leur livraison (12 novembre); 23° Lettre du 24 frimaire (14 décembre 1793) d'Isoard, chirurgien en chef de l'aile droite et

datée du quartier de Lombard, réclamant au nom de l'humanité du « mauvais linge », des pots de terre et des écuelles, car l'hôpital était dépourvu de tout.

En vertu de l'arrêté des représentants du peuple accordant aux vaisseaux hollandais tout ce dont ils avaient besoin, le commissaire des guerres adjoint Léorat ordonna de leur faire délivrer de l'huile et du bois « d'une manière utile et économique » (Ollioules, 23 frimaire) (13 décembre 1793). La lutte touchait à sa fin et l'administration s'arrêtait, comme toujours, à des minuties. Toutefois, le fait suivant atteste son activité employée en général d'une façon utile. Les membres de la commission municipale délégués par les représentants du peuple et chefs du comité de la guerre avisèrent en effet les officiers municipaux de Saint-Nazaire de l'envoi, conformément aux ordres du commissaire ordonnateur en chef Chauvet[1], des bateaux, le *Saint-Pierre* (capitaine Barthélemy Autard), le *Sans-Culotte* (patron Antoine Arnaud), la *Sainte-Anne* (patron Jean-Honoré Pignatel) et le *Noël* (capitaine Jacques Pignatel), tous chargés de barriques, planches et autres objets destinés au siège de Toulon. Ces objets une fois débarqués, un courrier extraordinaire devait prévenir le général en chef Dugommier et le commandant du corps du génie Marescot ou Marescaut (Marseille, 25 frimaire) (15 décembre). Le lendemain, 26 frimaire, Mathieu, toujours capitaine commandant l'artillerie de la côte, confirmait cet ordre et invitait la municipalité de Saint-Nazaire à faire partir pour le parc d'artillerie de l'armée les canonniers de la Ciotat dès leur arrivée. Les archives du ministère de la guerre doivent renfermer un dossier relatif à cet officier, qui, s'il n'atteignit pas les grades élevés, remplit du moins son devoir avec un dévouement illimité et avec une indomptable énergie. Un hommage à sa mémoire s'imposait.

Les fournitures faites par la commune de Saint-Nazaire pendant les mois de vendémiaire, brumaire et frimaire aux batteries de la Cride, de Portissol et du Môle Vieux, aux corps de

1. Au sujet des généraux Mouret et Garnier et de l'ordonnateur Chauvet, cf CHUQUET, *La jeunesse de Napoléon, Toulon*, p. 304-306 et 313.

garde du Village et « Avant dans le chemin » s'élevèrent respectivement à 358 l. 9 s., 420 l. 13 s. et encore 420 l. 13 s. [1]. Ces détails n'ont qu'un intérêt rétrospectif ; ils attestent néanmoins les services rendus par ce lieu, grâce à sa position topographique et grâce au concours de sa municipalité, et qui ne furent pas récompensés.

L'inspecteur en chef des subsistances militaires Loth délivra au Port-la-Montagne, le 1er ventôse an II (19 février 1794), un reçu de 420 livres, à Joseph Giboin, délégué de Saint-Nazaire, pour prix de douze charges de blé, livrées à cette ville, à raison de 35 livres la charge. L'autorité supérieure n'eût pas dû en accepter le montant. L'ingratitude se retrouve aussi bien au sein des gouvernements que dans l'âme des particuliers.

XI

Nous avons déjà relevé l'attitude pleine de menaces du commissaire Gury. Le groupe de ces « commissaires des So- « ciétés populaires réunies à Marseille, autorisés par les « représentants du peuple près les armées vers Toulon » [2] veilla au transfert à Marseille de Jean Granet, arrêté précédemment (28 brumaire ou 18 novembre) [3]. Le portefeuille de ce dernier avait été déposé au corps de garde de Sanary et il fut adressé « bien cacheté » à Saliceti. Ces mêmes commissaires firent procéder à Ollioules à une enquête, le 2 frimaire, au sujet de la prise d'un bateau de pêche [4]. Le curé de Saint-Nazaire se trouva malade au moment même où ils avaient besoin de ses services. D'après eux, l'octogénaire Terras, prêtre ayant fixé son domicile en ce lieu, aurait pu suffire à la

---

1. En bois et en huile.
2. Les titres de ces commissaires étaient précédés ou suivis de la mention « Salut, « union, force, fraternité ». Parmi ces agents, se trouvaient : Jouve cadet, Gury, Néguier, Bayssière, etc. Leur séjour au quartier général d'Ollioules laissa peu de traces à Sanary (Cf. au besoin Cottin, *Op. l.*, p. 284-285 et 217).
3. Un administrateur du département intervint en sa faveur à la demande de Gautier, qui l'avait caché chez lui pendant qu'il était poursuivi par les aristocrates de Toulon.
4. Cette formalité avait été demandée par le capitaine Mathieu.

célébration d'une messe « qu'il doit savoir par cœur depuis qu'il est prêtre » et, en ce cas, le vicaire Charignon aurait pu officier à Bandol (3 frimaire). Le 1er frimaire, ils avaient requis la municipalité de Saint-Nazaire d'inviter l'un des prêtres (Julien curé, Charignon vicaire, ou Terras) à aller desservir provisoirement la paroisse de Bandol, dont le curé, Louis Jonquier, avait été arrêté la veille. Le 3 (23 novembre), ils demandèrent l'envoi de 6 exemplaires de l'arrêté des représentants du peuple, Barras et Fréron, prescrivant la célébration de fêtes civiques « tous les jours de repos ». Cette décision devait être publiée par les « ci-devant prêtres au bon peuple de Saint-Nazaire » et ils prouveraient ainsi qu'ils « sont comme nous les enfants de la République ». Quelques jours plus tard (15 frimaire), l'administration du district du Beausset rendit obligatoire la célébration, chaque décadi, d'une fête civique « en vrais républicains » et la suppression du dimanche[1].

Au début du mois de brumaire, les représentants du peuple avaient décidé, à Marseille, que l'embargo serait mis sur les bâtiments de Gênes se trouvant dans les ports français, à raison de l'outrage fait, dans ce port, au pavillon national et aux droits de la nation et de l'humanité. L'année précédente (juin 1792), la République de Gênes avait déclaré qu'elle observerait la plus stricte neutralité « dans les mouvemens de guerre »[2]. C'était faire là un acte de haute sagesse. Une partie notable des denrées nécessaires à la Provence était tirée de Gênes et de ses environs et le transport en était effectué par la batellerie de ce port. D'après les renseignements qu'a bien voulu me donner M. Boggiano, le si sympathique premier adjoint de la municipalité de Sanary, le blé nécessaire fut livré aux Alliés, pendant le siège de Toulon, par les patrons des petits bateaux de la Rivière de Gênes. Petit à petit, la plupart de ces bateaux furent capturés par les bâtiments français, et leurs propriétaires, généralement aisés jusqu'alors, furent ruinés.

---

1. *Archives de Sanary*, D 4.
2. *Mêmes archives*, D 4.

XII

Pour abréger, nous rappellerons uniquement la position
au 21 frimaire, huit jours avant la chute de Toulon, de quelques
groupes, ceux qui nous intéressent le plus, à notre point de
vue spécial. Aux mois de janvier et de février 1793, avant l'arrivée de Carteaux à Tournon, le 1er bataillon de la Drôme avait
été formé à Romans avec des compagnies franches, tandis qu'une
compagnie de chasseurs était réunie à Crest. Le premier
bataillon quitta Valence le 22 juin et le 2e partit de Montélimar
le même jour [1], etc. Le 21 frimaire, nous trouvons : 1° dans
la division de l'est, devant Toulon, la compagnie franche de
Sanary (39 hommes), le 14e bataillon de la Drôme (778 hommes) et le 10e bataillon de la Drôme (509 hommes); 2° à l'aile
droite, dans la plaine de la Seyne, le 11e bataillon (622 hommes); 3° à la colonne du centre, le 9e bataillon (640 hommes);
4° à l'aile gauche, le 12e (703 hommes) et la compagnie franche (56 hommes). Ces derniers corps portaient le nom de la
Drôme. Enfin, Sanary était occupée par 54 hommes (59e, 33 ;
Aubagne, 21) [2].

Divers auteurs ont décrit les scènes qui se sont produites
lors de la prise de Toulon. Nous n'y reviendrons pas. Voici,
cependant, deux documents officiels qui établissent, d'une
part que, contrairement à la tradition, la lutte continua pendant
et après l'évacuation de la ville, même durant les premières
heures de la journée du 29 brumaire, et d'autre part, que les
forçats ne furent pas les seuls à éteindre le feu mis à l'arsenal,
si toutefois ils ont pris une part importante à cet acte de
dévouement.

Le 28 frimaire, les alliés auraient reçu, à 9 heures du soir,
l'ordre du départ et à 10 heures l'abandon de la ville aurait été
terminé. L'embarquement de ceux-ci et des Toulonnais fugi-

1. Krebs et Moris, *Op. l.*, p. 235 et 262.
2. *Ibid.*, p. CXLI.

tifs aurait commencé à 11 heures. Enfin, le 29 frimaire, à 3 heures du matin, les troupes républicaines seraient entrées, après avoir attendu les événements depuis plusieurs heures autour de Toulon. En réalité, l'artillerie des Alliés, en se retirant, dut répondre au feu de l'armée républicaine qui, faute de renseignements précis ou par surcroît de précautions, continua à bombarder la ville et la flotte ennemie, jusqu'à l'occupation définitive de la première et jusqu'à l'éloignement complet de la seconde. Si l'attaque fut héroïque, la résistance fut désespérée. D'après les termes de la déclaration de Marie Pourcier, la version fixant la prise de possession de l'ensemble de Toulon par l'armée de la Convention, au cours de la matinée, offre les plus grandes chances de probabilité.

Le 4 pluviôse an II (23 janvier 1794), Marie Pourcier, née au Buis (Drôme) [1], déclara à l'officier de l'état civil de Toulon que, dans la nuit du 28 frimaire (18 décembre 1793), « ayant « été effrayée par le bombardement que la ville essuya et par le « feu que les Anglais, les Espagnols et autres ennemis mirent « à l'arsenal et aux poudrières », elle sortit de la ville avec sa fille et son mari Barallier, peintre. Son mari, épouvanté par les bombes et par les boulets qui tombaient en grand nombre autour de leur lieu de refuge, chercha avec elle un nouvel asile et mourut le lendemain, à 7 heures du matin. Cette constatation officielle ne donne pas les causes de ce décès. Barallier ou Barrallier dut être victime de la peur. Le spectacle devait être, en effet, terrifiant.

Le certificat suivant se passe de commentaires :

Liberté   *République Françoise*   *Egalité*

Le citoyen Joseph Louis, coutellier, fils de Joseph, a été présent au feu qui avoit été mis par les infâmes ennemis de la République. Il a donné dans cette occasion une marque de civisme, en enfonçant une porte de l'attelier de la tonnellerie pour ôter des étoupes qui étoient pendues sur des fenêtres.

---

1. Attribué au département des Basses-Alpes (*sic*) dans la déclaration.

En foi de quoi je lui ai livré le présent certificat pour lui servir et valoir en tant que de besoin.

Au Port-de-la-Montagne, ce 12 ventôse[1] la 2ᵉ année républicaine.

      J. ROUX.   RAINOUARD.

Vu : Levallier fils a.
Vu par le commandant d'armes Castellan[2].

L'attitude observée par les galériens n'a pas été précisée d'après des documents certains[3]. Leur nombre se serait élevé à 600, lors de la prise de Toulon. Les uns auraient été brûlés vifs, les autres auraient eu une attitude menaçante à l'égard des Alliés se retirant. D'autres enfin se seraient joints à ceux qui arborèrent la cocarde tricolore, lors du départ de ces derniers[4]. Incontestablement, d'après un texte publié plus haut, les Alliés eurent recours à eux, au cours du siège, pour les corvées. La chiourme était d'ailleurs sensiblement réduite à ce moment-là. Quoi qu'il en soit, l'examen du dossier des récompenses officielles décernées aux sauveteurs d'une partie de l'arsenal serait d'un puissant intérêt et causerait peut-être bien des surprises, si toutefois ce dossier existe encore.

XIII

Le 4 nivôse an II, la Convention ordonna la célébration d'une fête, le premier décadi qui suivrait la publication de ce décret n° 1985, dans toute l'étendue de la République, en commémoration de la prise de l'infâme Toulon, dénommée désormais Port-la-Montagne[5]. Cette cérémonie eut lieu sans grand éclat dans les localités environnant cette ville, surtout chez

1. 2 mars 1794.
2. *Archives de Sanary*, I₂.
3. Cf. LAUVERGNE, *Histoire de la Révolution française dans le département du Var depuis 1789 jusqu'en 1798*, p. 513, etc., etc.
4. COTTIN, *Op. l.*, p. 333. Cet auteur donne de précieuses indications sur la situation économique de Toulon (p. 54, 156, 301 et s.)
5. *Décret de la Convention nationale*, Paris, impr. nat., in-8°, 2 p.

celles qui avaient eu le plus à souffrir des horreurs de la guerre. Je n'ai pas pu découvrir la moindre relation locale à ce sujet [1].

Les péripéties de la lutte avaient été suivies avec angoisse dans la plus grande partie du territoire de la France. Si les efforts suprêmes des chefs des assiégeants n'avaient pas été couronnés d'un succès presque inespéré, de nouvelles forces allaient être levées pour vaincre définitivement une résistance pleine d'incertitude. Déjà à la suite de la réquisition faite par le représentant Paganel, le conseil départemental de Lot-et-Garonne avait pris un arrêté, le 29 frimaire, au sujet des citoyens de bonne volonté, désireux de se réunir pour marcher sur Toulon et reprendre ce port, enlevé à la République par la trahison et par les guinées de Pitt [2]. Faute d'éléments, ce sujet ne peut qu'être effleuré, pour le moment du moins.

Quoi qu'il en soit, l'occupation de Toulon donna naissance à une littérature déjà signalée, mais qui pourrait faire l'objet d'une notice spéciale, à elle seule [3]. Nous rappellerons uniquement les publications les moins connues.

Le citoyen Picque, comédien sans-culotte, prononça un discours à la Comédie, lors des réjouissances publiques prescrites par la Convention et une pièce de vers, comprenant 3 strophes de 8 vers, sortit de la plume du citoyen Pepin, autre comédien sans-culotte. Les deux derniers vers de la première strophe font certainement allusion au dénûment des assiégeants :

> Pour vaincre, les sans-culottes
> N'ont besoin que de leurs bras [4].

Ricard, de son côté, a composé un drame héroïque et révo-

---

1. La fête célébrée à Nice fut brillante (TISSERAND, *Histoire de la Révolution française dans les Alpes-Maritimes*, p. 215 et s.), comme la fête solennelle donnée à Connaux (Gard) (*Courrier d'Avignon*, n° 320 du 6 pluviôse).

2. Affiche in-f°, imprimée à Agen, qu'il ne m'a pas été possible d'acquérir.

3. Cf. COTTIN, *Toulon et les Anglais*, p. x.

4. *Discours prononcé à la Comédie par le citoyen Picque, comédien sans-culotte, lors de la réjouissance de la prise de la ville de Toulon, imprimé sur la demande des citoyens de Grenoble. Grenoble, Allier, s. d., in-8°, 4 p.*

lutionnaire, en trois actes[1]. Cinq couplets, dus à un patriote
et chantés sur l'air, *Allons, enfants de la Patrie,* virent le jour
à Villeneuve-de-Berg (Ardèche). Le premier est ainsi conçu :

> A des cohortes étrangères
> Toulon avait vendu sa foi :
> Dans son sein, ces vils mercenaires
> Nous présentaient des fers, un roi.
> Écoute et tremble, ville ingrate,
> Pour répondre à tes vœux impurs,
> Sur tes maîtres et sur tes murs,
> La foudre des guerriers éclate.
> Tombez, murs odieux, fuyez vains conquérans.
> Ainsi (*bis*) que vous, périssent les tyrans[2].

Ces trois imprimés peu communs appartiennent à la Bibliothèque de Toulon. Leur seul mérite résulte de leur rareté. Le
même reproche peut être adressé aux couplets chantés à
Sainte-Pélagie[3].

> Vivent nos généreux guerriers (*bis*)
> Ils ont moissonné des lauriers (*bis*)
> Paris les chantera
> Londre (*sic*) y réfléchira, etc.

De patientes recherches permettraient d'élever à une dizaine,
peut-être, le nombre des productions littéraires, d'ailleurs
bien faibles, sorties de l'imagination des Provençaux et des
Languedociens, imagination enflammée par la chute de la ville
infâme. Je signale cette lacune aux bibliophiles de ces régions,
car j'ai dirigé mes investigations, de préférence, vers les publications poétiques et dramatiques de cette catégorie. Toutefois,
je consacrerai une mention à l'œuvre de Masse[4], auteur

---

1. *Le siège de Toulon*, etc., *Marseille, Jouve, an II, in-8°, 48 p.*
2. *Couplets sur la prise de Toulon présentés à la Société populaire de Villeneuve-de-Berg, district de Coiron, département de l'Ardèche, par un patriote. Montpellier, imprimerie révolutionnaire, chez Marat Bonnariq et Caton Avignon, « an second « de la fondation de la République, près la maison commune, n° 62 », in-8°, 3 p.*
3. *Couplets chantés à Sainte-Pélagie sur la prise de Toulon, par un détenu. Paris, Gouriet, in-16, s. d.*
4. *Le siège de Toulon ou les six derniers mois de 1793. Paris, Delongchamps, 1834, 2 vol. in-8°.*

également de *Jeanne de Naples*, car son roman impute aux Sanaryens un acte de complicité avec les Anglais, dont j'ai pu démontrer la fausseté [1]. *Le siège de Toulon* fit les délices des lecteurs des cabinets littéraires de la région. Le cabinet littéraire toulonnais de Fleury le possédait. J. Renoux le maintint dans le cabinet qu'il forma avec le fonds de Fleury, son prédécesseur, et qu'il annexa à la librairie qu'il tenait, comme celui-ci d'ailleurs, qui avait créé son établissement au cours de la Restauration [2].

Notons enfin le jeu des groupes d'enfants, scandant les deux vers informes :

> Combien faut-il de coups de canon
> Pour bombarder la ville de Toulon ?

et appliquant successivement à chacun d'entre eux une syllabe de ces mots pour déterminer celui qui doit faire telle ou telle chose convenue à l'avance. Ce jeu est encore usité à notre époque dans le Sud-Est et même à Montélimar.

XIV

La Tour quelque peu légendaire de Sanary et dépourvue de pont-levis en 1789, fut transformée pendant le siège en un vulgaire magasin. Elle ne pouvait, en effet, rendre aucun service au point de vue stratégique.

A une époque assez ancienne, il avait été bâti des maisons à l'ouest et au nord de ce monument. Il subsistait, à l'entour, une cour assez vaste, close par une haute muraille à l'est et au

---

1. T. II, p. 45-46. Ce romancier cite la monnaie de 2 liards, frappée à Dardennes (*ibid.*, p. 144) et le poisson pêché à Sanary (*ibid.*, p. 294) (*Ma bibliothèque*).
2. Le siège de Toulon ne paraît pas avoir excité la verve *féconde* ou mieux la *faconde* des littérateurs toulonnais connus. Cependant, Étienne Pélabon a laissé *Lou Sans-Culotto à Niço*, comédie en un acte et en vers. Louis Pélabon, son petit-fils, a composé *Lo pesto de Touloun en 1721*, poème en quatre chants, et diverses œuvres dont la scène se passe à Toulon.

midi. A l'angle des deux côtés, est et midi, se trouvait une petite maison où se rendait autrefois la justice en première instance et qui fut revendue pendant la Révolution. A dater de 1801, diverses constructions continuèrent à enclaver la Tour et leurs propriétaires n'hésitèrent pas, graduellement, à faire édifier des latrines appuyées contre elle. Ces données sont certaines. Elles sont extraites d'une dénonciation adressée avec raison, il y a quatre-vingts ans environ, à la sous-préfecture de Toulon, par un Sanaryen indigné du sans-gêne peu ordinaire de plusieurs de ses compatriotes. La plus belle de ces constructions est devenue l'hôtel de la Tour.

En 1664, dans leur rapport, le capitaine Jacques Isnard, de Toulon, et Louis Marrot, de la Ciotat, pilote royal, constatèrent l'existence à Saint-Nazaire « d'une forteresse au bord de « la mer et du costé du ponent[1], munie de deux pièces de canon, « entourée d'un fossé rempli d'eau de la mer, d'asses bonne « deffance, servant de rampart et de crainte aux ennemis ». Le môle, sis près des Baux, mesurait alors 90 pas et il aurait été utile de le prolonger de 50 pas. Du côté de « Grec »[2], un autre petit môle comptait 140 pas et son prolongement à concurrence de 50 pas, aurait été indispensable[3].

Les fossés de l'enceinte de la Tour furent comblés en 1704, moyennant le prix de 245 livres, payé à Brun par la communauté, le seigneur qui la possédait ayant donné son consentement. Trois ans plus tard (1707), une grande fenêtre fut « bouchée pour mettre en sûreté[4] les soldats de milice », emprisonnés dans la salle correspondante[5]. La destination de cette pièce se maintint fort longtemps, avec des alternatives diverses. La Tour demeura néanmoins seigneuriale jusqu'à la Révolution, et la clef de la porte d'entrée se trouva déposée entre les mains d'un tiers. Lors de l'autorisation accordée par François de

1. Occident.
2. Est.
3. L'importante prolongation du grand môle (plus de vingt mètres), faite au dix-neuvième siècle, est due à l'administration des ponts et chaussées.
4. L'expression est restée dans les termes « chambre de sûreté ».
5. *Archives de Sanary*, D 3, et CC.

Vintimille à la séparation de Saint-Nazaire et d'Ollioules, il avait revendiqué les casemates de l'enceinte de la Tour, les braies et les fossés lui appartenant. En outre, il s'engagea à employer les 100 pistoles ou 1.100 livres promises par les habitants, à mettre en état les casemates, sises dans la superficie des fossés (1663)[1]. Des arbres ne tardèrent pas à être plantés dans l'enceinte, à la suite du comblement de ces derniers (1710). Une « chambre » continua à servir de poudrière (1712). Au cours du dix-huitième siècle, les canons de la Tour furent encore tirés pendant les processions, comme aux époques antérieures. Deux canons de fer, de 8 livres de balles, pesant en tout 4.400 livres avaient été délivrés, en 1709, au baron de Vintimille, pour être placés à la Tour. A raison de 13 livres 16 sols le quintal de 100 livres, ils furent estimés 607 livres 4 sols [2].

Des militaires et des réquisitionnaires s'étant évadés par la fenêtre de l'étage « de la Tour, qui sert de salle de discipline et de prison », le commandant de Sanary, Lyon, demanda qu'elle fût « barrée ». Le 16 frimaire an VII (1798), le conseil municipal prit une délibération conforme et décida, en évaluant la dépense à 45 livres, de faire « bâtir, de l'épais-« seur du mur, en pierres solides, la fenêtre de la Tour don-« nant sur la mer et qu'il sera laissé au haut de la dite fenêtre « une ouverture d'un pan et demi au quarré, pour donner de « la clarté aux prisonniers et aérer la prison » [3]. Les deux échelles de l'intérieur avaient été réparées sous Louis XV (1744) [4].

En 1788, le seigneur avait vendu la maison servant autrefois « de juridiction » et les enclos du nord et du couchant à Guigou. Un acte administratif consacra, en l'an IV, la cession de l'écurie du ci-devant seigneur au même Guigou. Dès lors, la Tour n'eut plus d'annexes. A notre époque, un canon provenant de

1. BRUN, *Op. l.*, p. 36.
2. *Archives de Sanary,* D₄ et E.
3. *Registre des délibérations,* fᵒˢ 429-430.
4. Cf. pour l'histoire de Sanary en général, ACHARD, *Dictionnaire*, etc.

sa plate-forme a appartenu au général Rose, l'un des bienfai-
teurs de Sanary, et se trouve actuellement dans la propriété de
Mme Victor Brun, née Jarret de la Mairie. Deux autres canons,
d'origine incertaine, sont fichés en terre, sens dessus dessous,
près du vieux môle, et servent à amarrer les bateaux. La destinée des choses est parfois singulière!

Le chantier de construction, dont j'ai narré succinctement
ailleurs l'histoire[1], ne paraît pas avoir été mis à contribution, au
temps du siège de Toulon. De création ancienne, cet établissement qualifié « chantier de construction maritime », à l'instar
d'une entreprise importante, ne bénéficiait pas d'un emplacement définitif. D'après une pétition signée en 1792, il se
trouvait tantôt d'un côté, tantôt de l'autre. Les changements
étaient effectués toutes les fois que l'agrandissement de Saint-
Nazaire[2] l'exigeait[3].

Conformément à ce qui a été observé dans la région, cette
ville eut de bonne heure des biens personnels étendus, des
terres gastes que j'ai étudiées naguère[4], mais pas de moulins.
Peu d'années après sa constitution en communauté, la municipalité songea à faire mettre en état les moulins, dont Sanary
avait affermé la jouissance au seigneur et qui se trouvaient sur

---

1. R. V. C., *Notes historiques sur Sanary* (*Var*), p. 11.

2. En l'an II, on trouve la formule « Bauport, ci-devant Sanary ». Au dire de
divers auteurs, après le combat du 31 août, les Alliés auraient placé un détachement
sur un plateau pour surveiller le chemin de Saint-Nazaire à Toulon. Quoi qu'il en
soit, ils n'entretinrent aucune relation avec la municipalité du premier de ces lieux.

3. Un point de la presqu'île de Saint-Mandrier porte la dénomination de la Croix
des Signaux. La date de l'établissement de la Croix des Signaux sur le territoire de
Saint-Nazaire, au-dessus de la pointe de la Cride, n'est pas connue. Longtemps
après 1793, deux préposés « à la vigie des signaux » étaient encore installés à la
tour de Portissol.

4. Presque dès le début des temps nouveaux, l'attention de l'autorité fut portée
sur les anciens fiefs connus sous le nom de terres à besace, et l'on désignait ainsi « les
« fiefs ou seigneuries existant dans des endroits inhabités où il n'y a pas de paroisses
« établies ». Telle est la définition donnée par les administrateurs du directoire de
Toulon, à la date du 27 octobre 1790. Quelques jours après, le même corps appelait
fiefs à besace « ceux qui ne font pas une habitation et qui sont ou disséminés dans
« l'enclave des municipalités ou voisins des municipalités » (*Archives de Sanary*, F_8).
Le pâturage d'hiver s'appelait coussou dans la Basse-Provence et montagne dans
la Haute-Provence.

le territoire d'Ollioules. Au contraire, le four banal était exploité par un tiers.

Au cours des années 1699-1700, des travaux furent effectués au canal destiné à conduire les eaux au moulin de Parreissol, ou Pareissol, ou Parissol, et une indemnité fut payée à Guillot, marchand, pour dégâts faits à une terre qu'il possédait sur le territoire d'Ollioules, au quartier du Plan, le long du canal amenant les eaux à ce moulin. Une voûte et une muraille durent être faites au Pas du Puget allant à Ollioules, pour les besoins de ce canal.

En 1701, des réparations furent faites à l'écluse du moulin, emportée à trois reprises par les eaux de la rivière. Deux ans après, eut lieu le dégagement du canal des moulins à blé, obstrué par le débordement des eaux de la Reppe. Des améliorations avaient été faites dès 1689 à l'écluse du même moulin dont le nom a été transformé en Portissol [1], par suite du défaut d'attention des transcripteurs de deux documents analysés dans ce mémoire et dans une autre notice[2]. A son tour, la dénomination Parissol ou Pareissol était devenue dans le langage vulgaire Palissole.

Tous ces documents concernent le même moulin. Mais le moulin à eau de la Figuière, situé à proximité de celui-ci, et sur la Reppe, était également affermé à la communauté de Sanary (1712). A la fin de l'ancien régime, cette dernière le tenait en location aussi bien que le moulin de Pareissol. Dès l'abolition des privilèges, la population Sanaryenne continua à manifester ses préférences pour le moulin de Pareissol, devenu une vulgaire propriété particulière. Le moulin à vent, élevé en 1793 par Allemand sur la colline de Portissol [3], obtint

1. Le grès des Baux Rouges est recherché pour affûter les outils par certains ouvriers de la région. La pointe de Portissol était appelée aussi Pointe Baurouge ou de l'Utrier. Un jour, Sanary aura sa corniche, appuyée sur cette pointe. Elle n'aura plus à envier la corniche de Bandol, ni celle de Marseille. L'adjectif provençal *utrié, utriero*, est synonyme de tout d'une pièce, d'une grosseur uniforme.

2. *Notes historiques sur Sanary (Var)*, p. 11.

3. Déjà, la municipalité avait autorisé la construction d'un four à chaux en face du vieux môle et sur la même « montagne », dite, à l'occasion, montagne de Notre-Dame de Pitié (1791).

un plein succès et c'est là qu'au cours du siège les Sanaryens firent principalement moudre les céréales. Il subsista fort longtemps au dix-neuvième siècle et son rôle est de nos jours tout différent, comme celui de l'autre moulin à vent élevé dans son voisinage.

Mes recherches pour déterminer les conditions du fonctionnement des anciens moulins seigneuriaux et des divers moulins, épars sur les territoires d'Ollioules et de Sanary et créés à dater de 1790, au cours du siège de Toulon, n'ont pas pu aboutir, les documents les concernant n'ayant pas été conservés. L'histoire de ces établissements au point de vue économique pendant cette terrible période eût été bien curieuse et nous eût quelque peu dédommagés de la monotonie de l'histoire-bataille, déjà si ressassée.

Quant aux fours employés par l'armée républicaine, en dehors des fours seigneuriaux d'Ollioules et de Sanary, ils furent improvisés avec des moyens de fortune. D'ailleurs, les dimensions du four de ce dernier lieu n'étaient plus en harmonie avec l'importance de la population, bien avant 1789. La municipalité dut remédier à cet état de choses dès l'an III.

Le 1er mai 1790, eut lieu l'encadastrement des droits fonciers du marquis du Luc, seigneur de Saint-Nazaire [1] et le montant s'en éleva à un capital de 9.000 livres tournois, correspondant à 300 petites livres cadastrales [2]. Les lods donnaient par an 1.700 livres, les immeubles ruraux personnels au seigneur 900 livres, les deux moulins de la Figuière et de Pareissol 800 livres [3], les taxes diverses 900 livres, la pension féodale servie par la communauté et le droit de censelage ou les cens 207 livres [4]. Le produit du four banal était compris dans les

---

1. Emmanuel de Vintimille, seigneur du Luc, Vins, Les Arcs, Ollioules et Saint-Nazaire, dont le domicile était à Paris.

2. En 1768, la petite livre cadastrale était comptée pour 24 sols tournois.

3. L'une des rues de Sanary porte la dénomination de rue du Moulin, en souvenir d'un moulin à huile.

4. Les bois, d'ailleurs sans revenu appréciable, lui appartenant, comprenaient 687.936 toises.

taxes diverses. Ce four avait été bâti en 1627[1]. Du moins cette date était inscrite sur une pierre en dépendant, qui a été conservée soigneusement et disposée dans la façade lors de la réfection de cet immeuble, sis rue Général-Rose (maison Mistre) et dont le nom antérieurement avait été rue Vintimille, pour devenir ensuite rue d'Orléans (1831) et rue Grande. Par divers arrêts, le parlement de Provence avait déclaré que Gaspard de Vintimille, des comtes de Marseille, baron de Tourves et seigneur d'Ollioules, était « seigneur direct, uni- « versel et féodal et fondé en directe en tout le dit [2] lieu d'Ollioules et son terroir » (1613-1625)[3]. Cette solution frappa Sanary, partie intégrante alors d'Ollioules[4].

XV

En dehors de l'archevêque de Paris et de l'évêque de Toulon, la maison de Vintimille a fourni plusieurs personnages marquants[5].

Au cours d'un long procès furent publiés de nombreux mémoires contre ou en faveur de « messire Guillaume de « Raousset, chevalier, marquis de Scillon et de Maillanne, « conseiller au parlement de Provence, curateur légitime à « l'imbécillité de Messire Gaspard de Vintimille, des comtes « de Marseille, baron d'Oulioules son beau-frère » (1727). François de Vintimille, des comtes de Marseille, avait épousé

1. Le chiffre 2 est pour ainsi dire écrasé.
2. Les littérateurs ont décrit les sites grandioses du Bec de l'Aigle et du cap Sicié sans consacrer quelques lignes à la majesté singulière de la colline ou montagne de Portissol (Méry, *Nouvelles Nouvelles*, p. 183 et s. — *L'Athénée ouvrière*, p. 281 et s., etc.).
3. *Bibliothèque de Grenoble*, V 6, 271.
4. Un arrêt du parlement de Provence, du 15 février 1567, maintint Honoré de Porcellet « en la faculté d'accenser et de disposer à son plaisir de la terre gaste, « vacante, inculte, patis et paluds » d'un lieu comme étant un effet de son fief et « de sa directe universelle sur ce terrain » (*Bibl. de Grenoble*).
Le roi René avait donné à Aix les terres gastes ou incultes du territoire de cette ville (De Haitze, *Hist. de la ville d'Aix*, etc., t. I, p. 481).
5. Gaspard de Vintimille, seigneur de Figanières, qui fut condamné à mort par le parlement de Provence (1660), n'eut aucun rapport avec Sanary (*Le Petit Provençal*, numéro du 2 septembre 1913).

Anne d'Agoult, d'où quatre enfants : Pierre-François-Hyacinthe,
l'aîné, comte d'Ollioules ; Anne de Vintimille, mariée au
conseiller de Raousset ; Maqdelon, chevalier de Malte, mort
en 1700 et Gaspard de Vintimille, chevalier non profès. Ce
dernier, né en 1682, était malade depuis 1699. Mme de Vintimille, née d'Agoult, mourut à Paris au mois d'avril 1722.
Bientôt le comte de Vintimille ramena son frère Gaspard à
Saint-Nazaire, où il l'installa non dans la maison que lui-
même habitait accidentellement, mais dans une maison de
louage sous la direction d'une femme « à l'esprit contrariant ».
Le comte retourna promptement à Paris, où il mourut sans
enfants le 19 mai 1727. Il légua les terres d'Ollioules et de
Saint-Nazaire au marquis des Arcs[1], petit-fils de Charles-
François de Vintimille, des comtes de Marseille, comte du Luc,
marquis des Arcs et autres lieux, conseiller d'État d'épée,
chevalier des ordres du roi, ancien ambassadeur près la Cour
de Vienne (1653-1740). Ce petit-fils fut Jean-Baptiste-Félix-
Hubert de Vintimille (1720-1775), père à son tour de Charles-
Emmanuel-Marie-Maqdelon, dit *le demi-Louis* à raison de sa
ressemblance bien naturelle et même adultérine avec le roi, et
dernier seigneur de Sanary.

Ces données historiques sont inédites et leur place est tout
indiquée ici, car c'est le dernier seigneur de Sanary, qui, en
qualité de maréchal du camp, fit prêter, le 23 août 1789, à
Toulon, au Champ de bataille, le serment de fidélité à la
Nation, à la Loi et au Roi, aux officiers des troupes de la
garnison et des milices bourgeoises[2].

XVI

Divers documents[3] permettront de se rendre un compte très
exact de la situation. Bientôt furent lancées en effet les cir-

---

1. *Bibliothèque de Grenoble*, R. 4, 271.
2. Henry, *Hist. de Toulon depuis 1789, etc.*, p. 70-71.
3. Cf. au besoin la lettre écrite le 27 frimaire par Bourdeaux, sans-culotte d'Ollioules
(*Courrier d'Avignon*, n° 286, du 2 nivôse) et le numéro du même journal du 8 nivôse.

culaires de l'administration du district du Beausset, concernant l'exécution de l'arrêté pris le 14 septembre par les représentants du peuple Gasparin, Escudier et Saliceti, au sujet de l'arrestation de toutes les personnes suspectes ou enfermées dans Toulon et à raison de « l'infâme trahison qui a livré la « ville de Toulon aux ennemis de la République » (4 octobre), selon la formule usitée[1]. Cette mesure fut complétée par la proclamation de la municipalité de Saint-Nazaire pour obliger les habitants absents à regagner leur domicile dans la huitaine sous peine d'être déclarés émigrés (9 octobre). Cette menace fut sans effet comme d'ailleurs les instructions de la lettre du procureur-syndic du district du Beausset au procureur de la commune de Saint-Nazaire[2] prescrivant l'ouverture d'un registre dans toutes les communes du département destiné à l'inscription des citoyens désireux de concourir à la garde des gens suspects (10 octobre). Pour atténuer le mauvais effet des décisions relatives aux absents, parut une lettre des administrateurs du district du Beausset, déclarant que les ouvriers et les marins employés à Toulon étaient à l'abri de l'arrêté des représentants du 14 septembre, à moins d'avoir donné des preuves d'incivisme depuis le commencement de la Révolution. D'ailleurs ils ne pouvaient pas sortir de cette ville et l'on faisait feu sur ceux qui cherchaient à s'échapper (14 octobre)[3].

Tout naturellement, ce mémoire est terminé par des données nouvelles, empruntées au registre des délibérations de la ville de Sanary.

Le 11 octobre, la Société populaire décida l'ouverture d'une souscription, confiée au zèle du curé Pierre Julien[4] et

---

1. *Archives de Sanary*, I₂ et D₄.

2. Les procureurs de la commune les plus connus furent Boyer (1792) et Armagnin (1790), appartenant sans doute à la famille du délicat lettré toulonnais M. Armagnin, auteur d'œuvres estimées telles que *Litanies d'amour*, éditées par Lemerre, chef de bureau à la mairie de Toulon et à l'obligeance duquel les érudits n'ont jamais eu recours en vain.

3. *Mêmes archives*, I₂.

4. Le 22 fructidor an III, le curé Julien déclara qu'il allait exercer dans la commune le culte catholique, apostolique et romain avec soumission aux lois de la

de trois autres commissaires Roustan, Geoffroy et Granet. Ils recueillirent 10.878 livres 10 sols. Les commissaires du comité des subsistances Guigou, Cay, Gautier et Trotabas devaient avec cette somme, recueillie avant le 27 octobre, soit en quinze jours environ, et d'accord avec la municipalité, faire des achats de blé[1]. Cette somme comprenait 5.600 livres en assignats d'une valeur supérieure à 100 livres n'ayant pas cours, de telle sorte que la souscription était réduite à 5.278 livres 10 sols. Deux Sanaryens : Jean Granet et Pierre Fabre, versèrent 1.200 livres chacun.

La pénurie de blé se faisait toujours sentir[2]. Le 5 novembre, Saint-Nazaire comprenait en totalité 2.020 personnes, outre 380 citoyens de la Seyne, obligés d'abandonner ce lieu. Le directoire du district fit droit à la demande de secours adressée par la municipalité. Carteaux avait en effet prescrit aux habitants de la Seyne et de Six-Fours d'évacuer ces deux lieux et de se réfugier à Sanary ou dans ses environs, non occupés par les troupes républicaines[3].

Victor, « adjudant-général chef des brigades près l'armée du général Carteaux », avait requis le 2 novembre la municipalité de faire réparer les chemins et établir un pont sur la Reppe, destiné à faciliter le passage des charrettes pour le service de la République. Ce torrent, servant de limite à la commune de Six-Fours et à celle de Saint-Nazaire, un extrait de cette demande fut transmis à la municipalité de Six-Fours. Après un examen fait ensemble, il fut décidé que le pont serait

République, conformément à la loi du 11 prairial an III. Il précisa les termes de sa déclaration, quelque temps après (an IV). Cf. aussi la délibération du 28 floréal an IV et le serment prêté par lui le 3e jour complémentaire an V (19 septembre 1797).

1. *Registre des délibérations,* fos 1 et s.

2. Le 28 décembre 1792, le directoire du département dut arrêter un singulier genre de spéculation sur les blés. Les habitants du district étaient autorisés à acheter le blé « de la nation » se vendant au marché de Toulon. De tristes accaparements avaient eu lieu. Pour obtenir du blé, même à prix d'argent, les citoyens durent exhiber un certificat de leur municipalité respective indiquant la quantité qui leur était utile (*Archives,* D 1).

3. Il partit le 7 novembre pour son nouveau commandement (LAVAL, *Op. l.,* p. 452).

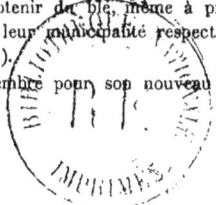

fait à frais communs, la commune de Six-Fours devant fournir les bois nécessaires, qu'elle possédait du reste.

Le « besoin » de blé devenant plus « funeste », une délégation fut envoyée à Ollioules auprès des représentants du peuple à Marseille et des commissaires du bureau des subsistances (13 frimaire) (3 décembre 1793).

Le 16 frimaire, il fut constaté que la compagnie des volontaires levés à Saint-Nazaire avait pour capitaine Jérôme Pardigon, greffier de la commune.

Quatre jours plus tard, le conseil considéra « le village » comme se trouvant en état de guerre, à raison de l'affluence journalière des troupes, de sa garnison, des bâtiments nationaux et des 9 vaisseaux hollandais, pris et amenés dans le port par deux corsaires avec l'aide de tous les bateaux de pêche de la commune, trois mois auparavant. Il constata l'insuffisance de l'approvisionnement en blé (20 frimaire).

Le lendemain (21 frimaire), il décida de faire exécuter à Marseille, par un sculpteur, une statue de la Liberté, afin de « célébrer les décades avec emphase et avec tout le civisme « d'une commune républicaine ».

Le 25 frimaire (15 décembre 1793), les « approches de l'atta-« que de Toulon et de l'ouverture du siège » avaient déterminé le commissaire des guerres, Bonaparte, chargé de la police des hôpitaux de l'armée sur Toulon, à se transporter à Saint-Nazaire, accompagné du directeur de l'hôpital ambulant d'Ollioules, pour requérir des fournitures de lits provenant tant des biens des émigrés que des habitants et la commune avait été déclarée en état de guerre.

Le conseil se montra favorable à l'installation de cent lits dans l'église paroissiale et fit transcrire la réquisition sur le registre des délibérations. Bientôt (1er nivôse) (21 décembre 1793), il vota, comme suite à la prise de Toulon et en vertu de la loi du 21 mars 1793, la constitution d'un comité de surveillance [1].

A titre d'incident local, mentionnons l'arrestation du greffier

---

1. *Registre des délibérations*, fᵒˢ 65 et 1 à 8.

de la justice de paix. La présence d'une petite garnison et le passage continuel de troupes avaient hâté l'épuisement des réserves de blé.

Plus tard, nous voyons réquisitionner la madrague se trouvant au Brusc, à la demande de deux personnes qui consentaient à en livrer le produit à Toulon, moyennant rétribution pour augmenter les subsistances. Elle appartenait à des émigrés comme la madrague de Brégançon, sise dans le golfe d'Hyères et dont la pêche recevait la même destination (3 pluviôse an II). L'arrêté fut signé par Ricord, représentant du peuple. Les subsistances étaient centralisées à Toulon au grand détriment des communes voisines. Celle de Sanary dut envoyer des mandataires pour acheter du blé à Nice (30 pluviôse) (18 février 1794).

Les administrateurs du district du Beausset déléguèrent Antoine Castelin, d'Ollioules, pour rechercher les brides, selles, licols, etc., se trouvant chez des particuliers. L'opération fut faite à Sanary le 6 ventôse. Saliceti appela les patrons pêcheurs habitant les départements du Midi, pour le service de mer sur les bâtiments de guerre de la République[1].

Aux termes de la délibération du 17 ventôse, la seule ressource des habitants consistait dans la vente des vins et le conseil émit le vœu que la prohibition en fût levée. De cette manière, les bateaux génois livreraient en échange des vins, de la morue, du riz et du fromage, comme ils le faisaient à Bandol, à la Ciotat et à Cassis[2]. A ce moment-là, le port de Sanary était un précieux port de relâche.

La question du blé fut de nouveau à l'ordre du jour. Les 2.027 habitants de Sanary consommaient annuellement 4.054 charges, soit par mois 337 charges, 1 panale 1/2[3]. Au 19 pluviôse, les provisions comprenaient 50 charges, 1 panale de

1. *Registre des délibérations*, fᵒˢ 24 et s.
2. Au commencement du dix-huitième siècle, des bateaux catalans paraissaient souvent dans ces parages. En 1723 (avril), deux vaisseaux algériens avaient capturé un petit vaisseau catalan en vue de Bandol (*Archives de Sanary*, série E).
3. Sous l'ancien régime, le blé était frappé à Sanary, à Toulon, etc., d'un droit d'octroi appelé piquet et très impopulaire.

blé ; 2 charges, 4 panales d'orge et 7 charges, 9 panales de farine. Le 7 ventôse, il avait été accordé 80 charges de blé et 20 charges d'orge par la Nation et le tout avait été retiré à Nice. Le déficit récent de 221 charges et 9 panales [1] avait été comblé par un emprunt. Un nouveau secours fut demandé (23 ventôse) (13 mars 1794). Pour faciliter l'ensemencement, il fut envoyé du côté de Brignoles un Sanaryen chargé d'acheter pour le compte de la commune 20 quintaux de pommes de terre, destinées à être distribuées aux habitants à prix coûtant et avec adjonction des frais (27 ventôse) [2]. Vers le même moment, la commission des subsistances et approvisionnements de la République mit en réquisition toutes les huiles se trouvant dans le département (24 ventôse). La municipalité dut décider que la livraison du blé et de l'orge ne se ferait plus séparément, car les personnes riches faisaient consommer l'orge par leurs bestiaux ! Désormais, la remise du blé et de l'orge aurait lieu « grains mêlés » (15 germinal) (4 avril 1794). La tartane, le *Saint-François,* commandée par le capitaine François Pons et chargée de blé, se trouvait ancrée et en quarantaine dans le port de Sanary [3]! Le représentant du peuple, Maltedo, annula l'arrêté de son collègue Maignet pris à Port-la-Montagne le 3 ventôse an II (21 février 1794), prescrivant l'envoi de ce blé à Marseille et donna l'ordre de le transporter à Port-la-Montagne par les soins de Loth, inspecteur des subsistances militaires (17 germinal), en prenant de grandes précautions pour éviter la contagion [4].

Malgré la demande instante du conseil, l'autorité compétente avait accordé un secours insuffisant, 70 charges de blé et 30 d'orge. Une nouvelle tentative fut entreprise (19 germinal). L'absence de toute marchandise était aussi absolue

1. La panale ou panal valait un dixième de charge.
2. C'est là la seule fois que j'ai rencontré la mention de ces tubercules dans les nombreux documents de cette époque, que j'ai consultés.
3. *Registre des délibérations,* f⁰ˢ 54 à 76.
4. S'il faut en croire *L'Historique du pays* conservé aux archives, le marquis de Centurion, lieutenant-général des armées navales, aurait affirmé la supériorité du port de Sanary sur ceux de Bandol et de la Ciotat (4 mai 1667).

que le manque des denrées et les cordonniers s'engagèrent à fabriquer des souliers conformément à la loi du 14 ventôse, pourvu qu'on leur remît le nécessaire (24 germinal). Le lendemain, l'installation d'un atelier de fabrication de salpêtre fut décidée sur la Place à côté du temple de la Raison. Quatre jours plus tard, la dresse d'un autel à la patrie dans ce dernier monument fut décrétée (29 germinal an II). Aucun événement local, digne d'intérêt, n'eut lieu jusqu'au 11 floréal, jour où un nouveau secours de blé fut voté (30 avril 1794). Le lendemain, des mesures furent prises pour le recensement des porcs, conformément à l'arrêté du Comité de Salut public du 22 germinal. Senès le jeune, agent national du district du Beausset, en cours d'opérations au Port-la-Montagne, ne tarda pas à écrire à l'agent national de Sanary-Beauport une lettre relative aux fonctions d'agent national des communes (26 germinal). Le 12 floréal, des certificats de résidence constante depuis plus de six mois, c'est-à-dire antérieurement au mois de novembre 1793, furent remis par le conseil général de la commune à l'ancien curé de Sanary, Julien[1], à un religieux Minime, à un frère lay Cordelier et à une Ursuline (1er mai 1794), puis un peu plus tard à une Clarisse.

La municipalité d'Ollioules fut autorisée à délivrer à celle de Sanary, pour le service de l'atelier de salpêtre en construction, une chaudière et un chaudron provenant des biens de l'émigré Liotaud (mai 1794). Ce local connu sous le nom de Salpêtrière rendit peu de services. Construit en grande partie par les habitants « ayant passé chacun à son tour plusieurs journées de corvée », en forme de halle et élevé sur la place, il fut démoli à la fin de l'an IV.

La réquisition des chevaux était rendue difficile, parce que les habitants « éparpillés » dans les campagnes ou propriétés rurales n'avaient pas encore regagné leur domicile (14 floréal) (3 mai 1794). Enfin la vétusté de l'horloge installée dans le clocher de l'église paroissiale transformée en temple de la

---

1. Ce prêtre reçut le 18 messidor un nouveau certificat de résidence.

Raison [1] était telle que des réparations ne pouvant y être faites qu'en pure perte, tous les fers en furent offerts sans succès à la nation [2]. Moyennant le salaire de 50 livres par an, Blaise fut chargé de « faire aller » la cloche laissée dans cette tour à 8 heures du matin, à midi, à 1 heure et à 5 heures du soir, conformément aux heures de travail et de repos des ouvriers (14 floréal). La marche des événements amena le maintien d'une « modique » escouade d'artilleurs dans les batteries locales. Mais le 8 fructidor an III (25 août 1795), Pacthod, général de brigade commandant la place de Marseille en état de siège, donna l'ordre au capitaine Lions, dont la compagnie était cantonnée dans cette ville, d'aller tenir garnison avec ses hommes à Bandol, sous la réserve de fournir un détachement à Sanary. Ultérieurement, le général de division Mouret commandant à Toulon la 8e division militaire, prescrivit le 6 ventôse an IV, au chef d'escadron Villers du 25e régiment de chasseurs à cheval, d'aller à Bandol, Six-Fours et Sanary pour obliger ces communes au versement des fourrages, dont elles étaient débitrices.

Un capitaine de canonniers, Ferrante, fut chargé des batteries de Sanary, de Bandol et du Brusc. Le général de brigade Moynat-Dauxon [3], commandant à Toulon le 1er arrondissement du Var, lui donna l'ordre de prendre le « commandement » des deux premières communes et de celle de Six-Fours (28 frimaire an V) (18 décembre 1796) [4]. Il prescrivit en même temps le désarmement de la batterie du môle et le dépôt de son matériel dans la tour de Sanary [5]. Ferrante demanda quelque temps après l'autorisation de construire une maison au midi de la « batterie supprimée du vieux môle » et à 12 toises de la

1. D'après une délibération de l'an IX, relative à la réouverture au culte du Temple décadaire, celui-ci renfermait les statues de la Liberté, de Voltaire, de Rousseau, de Brutus et d'Helvétius (*Registre des délibérations*, f° 95).

2. *Registre des délibérations*, fos 99 à 106.

3. Ces fonctions furent ensuite dévolues, par ordre de ce général, au capitaine Balp, du 3e bataillon d'infanterie du Jura (1797).

4. *Registre des délibérations*, fos 206 à 262.

5. Des réparations furent effectuées en 1797 au môle du ponant.

mer[1]. Constatons avec plaisir que l'histoire militaire de cette
ville est désormais dépourvue d'intérêt après avoir été par trop
agitée. Relevons cependant une mention inscrite à l'état dressé
par la municipalité le 15 frimaire an IV (6 décembre 1795)[2] :
Les « chapelles[3], église et maison à l'hôpital ne produisent
« aucuns revenus, attendu qu'elles ont été dévastées par les
« troupes qui ont passé et mises hors de tout service[4]. » Tout
en ayant moins souffert qu'Ollioules, sa voisine, Sanary eut à
réparer d'importants dommages matériels. Par leur esprit
d'économie et par leur amour du travail, les habitants eurent
bientôt raison des difficultés rencontrées par eux.

XVII

Une lettre expédiée le 25 germinal an II (14 avril 1794), par

1. Au contraire, l'état des batteries de la Cride et de Portissol, du Cap-Nègre et
des Embiez (Six-Fours) était suffisant. Lors de leur suppression, il y a environ
vingt-cinq ans, chaque gardien avait un logement de cinq ou six pièces à sa disposition pour sa famille. Chaque poste comprenait en outre deux soldats.

2. Lors de la formidable explosion d'un train chargé de 20.000 kilos de poudre
qui eut lieu le 5 février 1871, près du pont de Labeau, la chapelle des pénitents fut
transformée en ambulance et vingt soldats blessés y furent soignés. Edmond Adam,
mari de Juliette Lamber, fut au nombre des victimes et put recouvrer la santé
(JULIETTE LAMBER, *Le Siège de Paris*, p. 438 et s.).

3. Ces chapelles étaient celles : 1º des Pénitents blancs (Notre-Dame de Consolation ou Vierge de Consolation); 2º de Notre-Dame de Bonrepos, rappelée par un ora-
toire; 3º de Notre-Dame de la Millière (chapelle particulière); 4º du Sacré-Cœur (rue
des Bernards); 5º de Sainte-Catherine ou de Saint-Dominique; 6º de Notre-Dame de
Pitié; 7º de Saint-Roch; 8º de Sainte-Ternide ou de la Sainte-Trinité; 9º de Notre-
Dame de Pamoison ou mieux d'Espaïme (chapelle particulière).

Le chapelain de la première était Soleillet, en 1738.

L'état dressé en 1819 attribua 75 toises à Notre-Dame de Pitié, et celui du 15 frimaire an IV mentionna 75 cannes seulement. Après la Révolution, la chapelle des
pénitents fit retour aux pénitents, et la chapelle des Saints-Enfants ou de l'Enfant-
Jésus ou du Saint-Enfant Jésus ou du Sacré-Cœur, devint la propriété de la
Congrégation des Filles. Cette dernière chapelle est aujourd'hui dans un médiocre
état.

La chapelle des Pénitents aurait été fondée par Barthélemy de Don, tué à l'ennemi
(1710), et capitaine d'un vaisseau de guerre. Par suite de je ne sais quelles circonstances, ce nom ne figure pas sur une liste des officiers de la marine du port de
Toulon, dressée en 1707.

Toutes ces chapelles ont été occupées par des soldats pendant le siège de Toulon
et elles avaient été rendues impropres à tout usage.

4. *Archives de Sanary*, I, et *Registre des délibérations*, fº 390.

Senès le jeune en cours d'opérations à Port-la-Montagne à
l'agent national de Sanary, témoigne de l'indignation qui venait
de le saisir à la vue de charretiers et d'employés au service des
charrois militaires, en train de fourrager dans une propriété
nationale d'émigrés ensemencée d'avoine et sise sur la route
d'Ollioules. Bien longtemps avant 1793, les vols se multi-
pliaient, et, le 1ᵉʳ septembre 1792, les officiers municipaux de
Toulon durent décider que les personnes porteuses de fruits
n'entreraient pas dans la ville sans être munies d'un billet de la
municipalité compétente[1]. Effectivement, 300 ou 400 galériens
s'étaient évadés ensemble d'après la lettre du 1ᵉʳ août précédent émanant de la même administration[2]. Que de dégâts ne
durent-ils pas commettre ? Je n'ai pas pu retrouver la moindre
trace de leur réintégration dans leurs fers. La frontière, si
voisine à cette époque, permit probablement à la plupart d'entre
eux d'aller traîner leur existence sous un autre ciel. Je suis
d'ailleurs convaincu qu'ils surent profiter des circonstances
pour vivre à leur guise et pour servir tel ou tel parti au gré de
leurs intérêts ou de leurs besoins. Leur conduite n'a pu man-
quer d'être équivoque.

Comme il est aisé de le supposer, le plus grand désarroi
régnait partout. Le service de santé se montra à la hauteur
de sa tâche[3], mais l'insuffisance du personnel ne lui permit

1. *Archives de Sanary,* I₁.
2. *Mêmes archives,* H₂.
3. Les soins les plus dévoués furent donnés continuellement aux blessés et aux
malades. Cette sollicitude, digne d'éloges, se perpétua durant de longs mois. Joseph
Fournier, commissaire des guerres, employé dans la huitième division militaire et
chargé du service de la place du Port-de-la-Montagne, requit, le 11 ventôse an II
(1ᵉʳ mars 1794), la municipalité de Saint-Nazaire de choisir deux patrons pêcheurs
devant pêcher journellement le poisson nécessaire aux malades et convalescents des
hôpitaux (*Archives de Sanary,* H₂).
Les pontons anglais ont laissé dans l'histoire de sinistres souvenirs. Au contraire,
les prisonniers français n'eurent qu'à se louer des Anglais au cours du siège de
Toulon. L'intérêt de cette constatation est assez vif. Le 21 frimaire, Dugommier
correspondit d'Ollioules avec le *Journal d'Avignon* et lui envoya la copie de la lettre
écrite par lui, le 20 frimaire, au général O'Hara, prisonnier à Aix, et de celle
adressée à Bonaparte, le 11 octobre, par un officier d'artillerie se louant des bons
traitements des Anglais vis-à-vis des prisonniers (*Courrier d'Avignon,* n° 279, du
25 frimaire).

pas de faire face à toutes les besognes, même les plus urgentes.

Le 29 germinal an II, Senès[1] dut rappeler les municipalités à l'exécution des instructions du comité de santé concernant « l'inhumation des cadavres dans les lieux où il y a eu des « batailles ; dans plusieurs endroits les cadavres paroissent sur « terre exhalant des miasmes qui ne peuvent que produire des « maladies[2] ».

Marquis, chirurgien en chef de l'Armée du Midi et chargé du service de santé sous les ordres de Joseph Bonaparte, a étudié la fièvre adynamique qui se développa à Toulon après le siège. Son mémoire est intitulé : *Considérations médico-chirurgicales sur les maladies qui ont régné pendant et après le siège de Toulon durant le cours des années II et III de la République française*[3]. Malgré la présence de cet écrivain aux opérations militaires, les renseignements historiques donnés par lui sont inexacts.

XVIII

Un mot, au sujet d'une affaire sensationnelle, paraît s'imposer sans conteste.

Six arrêtés pris au Beausset le 9 brumaire an III (30 octobre 1794) par les représentants du peuple envoyés dans les départements des Bouches-du-Rhône, du Var et de l'Ardèche, ont tous été imprimés à Marseille à l' « imprimerie révolutionnaire de Jean Mossy, l'an 3me de la République ». Devaient cesser

1. Senès (Jean-Baptiste-Pierre), dit Senès le jeune, dont le dévouement à la chose publique fut sans bornes, annonça son installation en qualité de sous-préfet de Toulon par la circulaire du 15 prairial an VIII. Né à Toulon le 21 octobre 1757, il mourut le 4 janvier 1829 (SALVARELLI, *Les administrateurs du département du Var* (1790-1897), p. 207). Bonhomme fut nommé procureur syndic le 27 mai 1794 en remplacement de Senès (*Ibid.*, p. 213), qui fut assez longtemps agent national près le district du Beausset.

2. *Ibid.*, I₁.

3. Paris, QUILLAU, an XII, in-4°, 19 p. (*Bibl. de Toulon*).

leurs fonctions : 1° le juge de paix et le secrétaire-greffier du canton du Beausset ; 2° les membres composant le tribunal du district du Beausset ; 3° les membres du directoire de ce district ; 4° les membres composant le bureau de conciliation de ce même district ; 5° les membres composant le comité révolutionnaire du même district ; 6° les membres de la municipalité du Beausset. Sans insister sur les causes de ces mesures, rappelons qu'un Sanaryen Granet, propriétaire au quartier de Sainte-Ternide, fut désigné pour faire partie du comité révolutionnaire. Les successeurs de toutes les personnes destituées sont d'ailleurs nommés dans chaque arrêté. Les représentants du peuple étaient Auguis et J. J. Serres. Le nom de ce dernier figure seul sur chacune des six affiches [1].

XIX

L'histoire définitive des préliminaires du siège de Toulon ne pourra pas être écrite sans les archives du district de cette ville, dont le chef-lieu fut transféré au Beausset par Gasparin et Saliceti le 15 septembre [2]. Or ces archives doivent exister quelque part, car, d'après une délibération du 17 messidor an II, l'administration du district du Beausset venait de déclarer par une circulaire qu'elle avait perdu un temps précieux pour se procurer les archives du ci-devant district de Toulon renfermant notamment les matrices des rôles dont le besoin était urgent [3]. Elles doivent se trouver dans un dépôt public et sont encore vierges.

L'état de désorganisation auquel en était arrivée l'administration pourra être établi par un fait particulier. Les percepteurs des communes de Sanary et de Bandol, formant un seul canton, n'avaient pas rendu leurs comptes des années 1792 à

1. *Archives de Sanary.* Par suite d'une erreur, Auguis a été imprimé Anguis sur ces affiches.
2. POUPÉ, *Les districts du Var* (1790-1795), p. 134.
3. *Registre des délibérations*, f° 143.

l'an IV inclus. Une vérification minutieuse en fut prescrite le 25 messidor an VI par l'administration municipale de Sanary[1]. Son résultat n'est pas connu, mais l'intérêt en serait relatif.

D'importants documents ont été certainement détruits dans le fol espoir d'effacer à jamais tout souvenir de l'ancien régime. Le bon sens finit par reprendre son empire. Senès le jeune, agent national près l'administration du district de Port-la-Montagne, prescrivit, le 21 germinal an II, conformément à la loi du 12 frimaire, de réunir et de mettre sous scellés dans les dépôts les « parchemins, livres et papiers manuscrits qui pourroient blesser les principes de liberté et de raison ». Bientôt, le 24 germinal suivant (10 avril 1794[2]), les administrateurs du district du Beausset rappelèrent que l'on devait placer sous scellés les « parchemins, livres et papiers manuscrits ou imprimés qui seroient donnés librement pour être brûlés », jusqu'à la décision de la Convention[3]. Celle-ci fit l'objet d'instructions précises[4]. Le sort des souvenirs du temps passé était désormais assuré.

Malheureusement les manuscrits, comme les livres, accomplissent leur destinée. M. Barthélemy Garibbo, le fin bouquiniste toulonnais, acheta, il y a quelques années, un lot de papiers[5]. Parmi ceux-ci, un cahier, écrit en anglais et couvert de notes, attira son attention. Ayant demandé le sens du contenu à une personne prétendant connaître la langue anglaise, il lui fut répondu que ce cahier était un recueil de chansons anglaises ! Las de ne pas trouver d'acquéreur pour ce manus-

1. *Registre des délibérations*, fᵒ 375.

2. Toutes les conversions de style ont été faites grâce à la *Concordance générale des calendriers républicain et grégorien, etc*, Avignon, Joly, *1818*, in-12, 156 p. Un exemplaire de cet opuscule fait partie des archives de Sanary.

3. *Mêmes archives*, D 4.

4. *Instruction sur la manière d'inventorier et de conserver, dans toute l'étendue de la République, tous les objets qui peuvent servir aux arts, aux sciences et à l'enseignement*, proposée par la commission temporaire des arts et adoptée par le comité d'instruction publique de la Convention Nationale. Paris, imp. nation., an II, in-4ᵒ, 70 p. (*Archives de Sanary*, C).

5. Installé en 1880, il s'est tout d'abord livré uniquement au commerce des livres anciens.

crit, M. Garibbo le céda à un Français de passage, en ayant
compris tout de suite l'importance. Celui-ci le rétrocéda au
poids de l'or à un Anglais en villégiature à Hyères. Quelques
jours plus tard, notre Français vint s'enquérir auprès du ven-
deur de l'existence possible d'autres papiers analogues au
cahier acheté par lui. Sur la réponse négative de M. Garibbo[1],
il finit par déclarer que ce cahier était extrêmement précieux.
C'était tout simplement un carnet de notes prises au cours du
siège de Toulon par l'amiral Hood ! Souhaitons vivement que
son propriétaire actuel le confie quelque jour à un historien
capable de tirer parti de son contenu et plus spécialement au
bienveillant directeur de la *Revue historique de la Révolution
française*.

Ce mémoire n'aurait pas pu être rédigé sans l'obligeance
sans bornes, que m'ont témoignée : 1° MM. Grondona, maire
de Sanary[2], Flotte et Boggiano (premiers adjoints successifs),
Gautier, second adjoint ; 2° MM. Susini, secrétaire général de
la Mairie, officier de réserve et titulaire de plusieurs déco-
rations vaillamment gagnées, et H. Flotte, ayant classé les
archives[3] ; 3° MM. Mary-Lasserre, conservateur de la Biblio-

---

1. Son fils, M. Antoine Garibbo, est l'auteur applaudi de maintes chansons imprimées pour la plupart et d'une pièce comique en 3 actes, malheureusement non
imprimée et représentée avec un plein succès à la place Saint-Roch de Toulon (1896),
Leï bugadièro de San Rô. Diverses scènes ont été reproduites par la photographie.
Une pièce du canevassier marseillais, Dray père, porte le même titre.

2. Dans la région, la commune de Signes est citée volontiers pour l'étendue de son
territoire (13.310 hectares). Hyères, avec ses 11.684 hectares, était encore plus
importante autrefois, car il faut ajouter à sa superficie actuelle les 3.660 hectares de
la Crau, les 8.400 hectares de La Londe-les-Maures, érigée en 1901, et les 1.600
hectares de Carqueiranne. Les prétentions de Sanary sont moins élevées. Elle compte
1.924 hectares, tandis qu'Ollioules, dont elle fut séparée en 1688, a seulement 2.017
hectares. L'administration supérieure fut donc très généreuse à l'égard de la nouvelle
communauté, tandis que Bandol, distraite de La Cadière (1715), ne possède que
856 hectares, faible partie de cette dernière commune qui donna naissance plus tard
à Saint-Cyr.

3. La délibération du 22 germinal an VIII (12 avril 1800) fut très importante pour
le sort de ces archives. Transportées dans la Tour pendant l'un des sièges de Toulon
(1707), leur classement n'était pas encore fini en 1711 et elles se trouvaient à moitié
« pourries » à ce moment-là. Leur conservation est aujourd'hui assurée.

Au contraire, d'après la tradition, les archives anciennes d'Ollioules auraient jadis
servi aux amusements des enfants.

thèque municipale de Toulon et Marius Raibaud, bibliothé-
caire adjoint, dont la librairie, sise 6, rue de l'Intendance, était
bien connue (1886-1903) et qui a édité un livre provençal recherché de nos jours[1]. Qu'ils agréent l'expression de ma profonde gratitude [2]!

R. VALLENTIN DU CHEYLARD.

1. MANGIN, *L'année d'autrefois en Provence. Paris, Duc; Toulon, Raibaud,
1895, in-12, 2 p. n. ch., IV et 96 p., et 2 p. n. ch.*
2. Ce mémoire sera complété par d'autres études : 1º *Notes sur quelques médailles
provençales et sur de faux louis de Louis XVII;* 2º *Après le siège de Toulon;*
3º *Notes sur la numismatique des districts de Toulon et du Beausset* (1790-1795);
4º *Notes sur la sigillographie des districts de Toulon et du Beausset* (1790-1795);
5º *Notes historiques sur Sanary* (Var); 6º *Notes archéologiques sur Sanary* (Var);
7º *Essai sur les impressions paroises de Marc et d'Auguste Aurel* (1793-1802),
etc., etc.

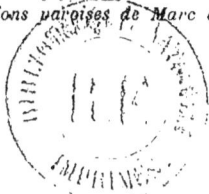

(Extrait de la *Revue historique de la Révolution française et de l'Empire*
de janvier-décembre 1913 et janvier-juin 1914.)

NANCY-PARIS, IMPRIMERIE BERGER-LEVRAULT

www.ingramcontent.com/pod-product-compliance
Lightning Source LLC
Chambersburg PA
CBHW052122090426

42741CB00009B/1913